百科通识文库

49

情感密码

迪伦·埃文斯 著

石林 译

外语教学与研究出版社

北京

京权图字：01-2006-6856

图书在版编目（CIP）数据

情感密码 /（英）埃文斯（Evans, D.）著；石林译. — 北京：外语教学与研究出版社，2015.8
（百科通识文库）
ISBN 978-7-5135-6509-7

Ⅰ. ①情… Ⅱ. ①埃… ②石… Ⅲ. ①情感－通俗读物 Ⅳ. ①B842.6-49

中国版本图书馆CIP数据核字(2015)第198799号

出 版 人　蔡剑峰
项目策划　姚　虹
责任编辑　周渝毅
封面设计　泽　丹
版式设计　锋　尚
出版发行　外语教学与研究出版社
社　　址　北京市西三环北路19号（100089）
网　　址　http://www.fltrp.com
印　　刷　三河市紫恒印装有限公司
开　　本　889×1194　1/32
印　　张　6
版　　次　2015年9月第1版　2015年9月第1次印刷
书　　号　ISBN 978-7-5135-6509-7
定　　价　20.00元

购书咨询：（010）88819929　电子邮箱：club@fltrp.com
外研书店：http://www.fltrpstore.com
凡印刷、装订质量问题，请联系我社印制部
联系电话：（010）61207896　电子邮箱：zhijian@fltrp.com
凡侵权、盗版书籍线索，请联系我社法律事务部
举报电话：（010）88817519　电子邮箱：banquan@fltrp.com
法律顾问：立方律师事务所　刘旭东律师
　　　　　中咨律师事务所　殷　斌律师
物料号：265090001

百科通识文库书目

历史系列：

美国简史
探秘古埃及
古代战争简史
罗马帝国简史
揭秘北欧海盗
日不落帝国兴衰史——盎格鲁－撒克逊时期
日不落帝国兴衰史——中世纪英国
日不落帝国兴衰史——十八世纪英国
日不落帝国兴衰史——十九世纪英国
日不落帝国兴衰史——二十世纪英国

艺术文化系列：

建筑与文化
走近艺术史
走近当代艺术
走近现代艺术
走近世界音乐
神话密钥
埃及神话
文艺复兴简史
文艺复兴时期的艺术
解码畅销小说

自然科学与心理学系列：

破解意识之谜
密码术的奥秘
恐龙探秘
情感密码
全球灾变与世界末日
简析荣格
人类进化简史
认识宇宙学
达尔文与进化论
梦的新解
弗洛伊德与精神分析
时间简史
浅论精神病学
走出黑暗——人类史前史探秘

政治、哲学与宗教系列：

动物权利
释迦牟尼：从王子到佛陀
死海古卷概说
存在主义简论
《旧约》入门
解读柏拉图
读懂莎士比亚
世界贸易组织概览
《圣经》纵览
解读欧陆哲学
欧盟概览
女权主义简史
《新约》入门
解读后现代主义
解读苏格拉底

目 录

图 目

前言

如今，“感性”（sentiment）一词已遭遇冷落，很少有人用了，其相关词“感性的”（sentimental）也有着消极的含义。而两个半世纪以前，在启蒙运动的末期，情况则完全不同。那时，“感性”与今天的“情绪”（emotion）一词含义基本相同。

启蒙运动时期的哲学家们对于情绪研究非常着迷。大卫·休谟（David Hume）、亚当·斯密（Adam Smith）、托马斯·里德（Thomas Reid）都曾就感性和激情写过长篇大论。这些思想家们认为情感对于个体和社会的存在是至关重要的。斯密不仅发现了“沉闷科学”（经济学），还帮助创立了“感性科学”（情绪心理学）。在他的第一本著作《道德情操论》（1759）中，斯密提出，如果社会是件衣服的话，情感就是将衣服缝在一起的线。与休谟和里德一样，斯密认为情绪与思想并非不可调和的敌人。对于所有这些思想家来说，情绪化是合理的，一门关于思想的科学如果不讨论心灵就是不完整的。

而浪漫主义者则反对这一观点，他们重新采用了以前的情绪观点，认为情绪与理智在本质上是矛盾的。人类面临着情绪和理智的矛盾抉择，智者选择跟随心灵而不是被理性牵着走。卢梭认为理性将人从无邪的“自然状态”引向了堕落。重返无邪意味着要倾听自己的感觉而不是诉诸逻辑。感性之谜要通过诗句来揭示，而不是由科学来破解。

我用了“感性”一词作为本书的副标题，以此来表示我对启蒙运动时期的情绪观的支持。与浪漫主义者不同，我认为情绪与理智在本质上并不矛盾，我们也不应该总是跟随心灵而不听从大脑指挥。相反，与亚当·斯密一样，我认为智慧的行动来自于感性和理性的和谐交融。没有情绪的生灵比人类还缺少理性，而非更加理性，但我也相信有时候倾听理性的声音要比跟随情感的指引更好一些。知道什么时候跟随情感，什么时候不要被情感支配，这就是一种被称作“情商”的宝贵天分。

在本书中我提出要回到情绪是理性的同盟、而不是敌人这一观点。与斯密和休谟一样，我认为对情绪的科学研究不仅可行，而且有着巨大的价值。这并不是因为我认为情绪体验可以被提炼成枯燥的公式。然而对情绪分析得更清楚不一定就意味着无法获得更深刻的感受。我希望了解更多的情绪运作知识能有助于我们活得更丰富，而不是更贫乏。至少，了解科学在解释这些神秘现象方面的最新进展是非常有意思的。

科学界对情绪的关注在20世纪90年代经历了一次复兴。在20世纪的大部分时间里，对于情绪的研究仅局限于少数心理学家和更少的几位人类学家。而在21世纪初，情况有了很大转变。现在情绪是一个热点话题。人类学家开始质疑以前关于情绪体验的文化相对性的观点。认知心理学家也不再一味关注理性、感知和记忆，他们开始重新探索情感过程的重要性。神经科学家和人工智能的研究者也参加了讨论，为这张拼图又添加了几张图片。而本书的目的就是试图从一个旁观者的角度将其中的一些图片拼在一起。

显然，我不奢望这样一本小书能够覆盖一个复杂领域的方方面面。我必须将情绪研究中一些很有趣的东西放在一边。例如，本书不会讨论儿童的情绪发展，虽然这是一个迅速发展的领域。本书也没有提到有关情绪体验的个体差异的研究文献，虽然这方面的文献也越来越多。我所选择的话题反映了我个人的兴趣，以及我认为读者最感兴趣的题目。

本书从对不同文化中的各种情绪体验的讨论入手。每一种文化都有独特的情绪气氛，这些差异在人类学研究中都有文献证明，我会予以借鉴。然而，现在许多人类学家认为与情绪体验的共通性相比，世界上情绪体验的差异是微乎其微的。在第一章中，我提出情绪构成了一种“共通的语言”，它像一根纽带，将人类联结成一个大家庭。与那些将我们分隔开来的文化差异相比，我们传承下来的情绪的共通性更为厚重。

这种共同的情绪来自于我们共同的祖先。我们都是10万年前生活在非洲平原上的几千个原始人的后代。在过去的那个年代，我们的许多情绪都已塑造成形。更多的情绪则可以追溯到更远，那时我们的祖先尚未进化为人类。第二章中，我探索了情绪的进化史，提出无论过去还是现在，情绪都是生存的必要条件。情感不只是奢侈品，更不像柏拉图（Plato）所认为的那样是理智行动的障碍。《星际旅行》的创作者认为瓦尔肯人——一种想象中的外星种族——由于缺乏情感而比人类更加智慧，这种看法是错误的。尽管《星际旅行》中有斯波克这个人，缺乏情感的智慧生命还是根本无法进化出来。

当然，我们现在的生活环境与祖先进化时的大不相同。特别是我们现在拥有许多祖先们做梦也想不到的激发幸福感的方法。在第三章中，我介绍了一些“情绪技术”，从心理治疗、艺术到药物和冥想，这些东西都许诺会让我们通过捷径获得幸福感。它们是否有用呢？自然选择留给我们的通往幸福的路是曲折的，企图绕过这条路就会有危险，我会在这一章进行讨论。

第四章解释了情绪如何影响“认知”能力，如记忆、注意、感知。情绪对这些能力的影响使得情绪技术颇受广告商和政客们的青睐。煽情提供了一种无需通过有力的论证和举例就可以改变人们思想的方式。该章的结尾讨论了各种说服他人的情感技术，如隐性广告。

在有关情绪话题的争论中，人工智能是最新加入的一门学科。20世纪90年代初期，计算机科学家对制造有情感的机器越来越感兴趣，机器人制造者在这一方面已经有所进展。最后一章讨论了这些最新进展，并对今后将走向何方进行了一番推测。我们能够成功制造像人类一样有情感的机器人吗？这样的技术将会产生什么结果？

我没试图对情绪问题作一定论，我们可能永远都无法建立一套完善的情绪理论。然而，对我来说，尝试建立这样一种理论本身就是一件趣味无穷的事情。希望你们通过阅读这本书能感受到我的热情。

迪伦·埃文斯

伦敦

2000年9月

第一章

共通的语言

15岁时，一些朋友邀我加入他们的朋克摇滚乐队。先前的主唱在排练时非常好，但是害怕上台，不能在公众面前表演。而我正好相反，我声音糟糕，但一点也不怕出丑，正是一个朋克摇滚歌手所需要的！

第一次排练后，我们坐在一起筹划我们的音乐生涯。就在那时蒂姆告诉我他非常高兴我参加了他们的乐队。到现在我还清楚地记得他的话在我身上引起的强烈反应。一股暖流从胃里升腾蔓延，很快温暖了我的整个胸膛。这是一种从未感受过的喜悦。它是一种接受感、一种从属感、一种被一群引以为豪的朋友所重视的感觉。我被那种前所未有的感觉所震惊，一时不知该说什么。自那以后的许多年里，再也没有出现过完全相同的感觉，我也从未忘记过这种体验。

体验过这种特殊情感的绝不只是我一人。数百万的足球迷和教徒们似乎每周末都有类似的体验，而英语中却没有恰当的词来表达。在刚才的描述中，我不得不用几个词："喜悦、接受感、从属感、被一群人所重视的感觉"。要形容这一情感，最恰当的莫过于罗曼·罗兰（Romain Rolland）创造的"海潮般的感觉"（oceanic feeling）这一表达了。然而，即使是这一诗意的表达也要用两个词。如果我们只用一个词就能表达岂不是更简单？

在日本似乎就有这样的词。日文"甘え"（*amae*）一词指的就是"被他人完全接受的欣慰感"，也就是我对蒂姆那句话的感受。中国古代的象形文字则是用一个哺育婴儿的胸脯来表示，它指的是一种不离不弃的情感，是在生命最初的几个月中，母亲和孩子融为一体的感觉。

为什么在英文中没有"甘え"这样的词呢？不同语言用不同的方式塑造这个世界，反映了不同的文化需求。也许正是因为"甘え"所表达的情感与日本文化的基本价值观一致，日本人才需要这个词。与崇尚独立、自我肯定和自治精神的英语世界不同，在日本，与其他人配合并生活在一个和谐的群体中更重要。"甘え"是一种帮助人们遵

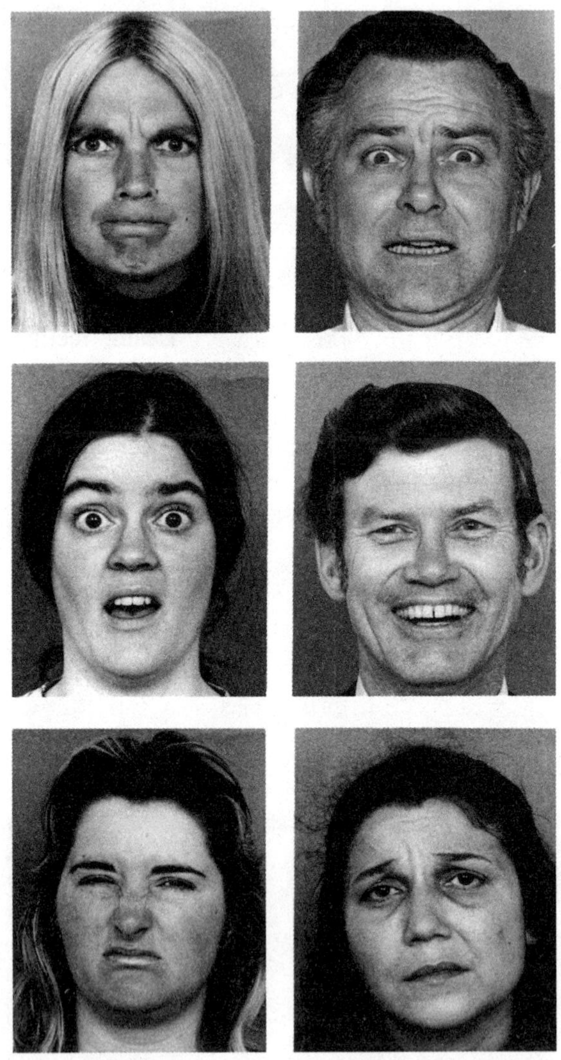

图1　一些表达不同情绪的美国人的照片。保罗·埃克曼在他的跨文化研究中使用了这些照片。

从这些价值观的情感。

不管是什么原因造成了英语和日语这两种**语言**之间的这一差异，由此并不能看出英国人和日本人这两个**民族**之间有什么根本不同。作为一个讲英语的人，我没有确切的词来描述我在蒂姆家里所经历的情感，但这并不妨碍我当时的感受。相反，那种情感毫无征兆地出现了，让我想方设法寻找描述它的词汇。多年以后，当我读到对“甘え”的一段描述时，我立刻意识到它指的就是那天傍晚我在蒂姆家时所感受到的情感。全世界的人都有这种情感，但只有某些人才有特定的词来形容它。

情绪文化论

前面所说的看起来都很明确。然而，在20世纪的大部分时间内，许多人类学家对上述观点不屑一顾，因为他们持有一种叫做情绪文化论的观点。根据这一观点，情绪是后天习得的行为，是通过文化传递的，与语言极其相似。正如你必须先听到英语才会说一样，你必须先看到其他人表现喜悦，你才会感到喜悦。除非生长在一个“甘え”经常被提及和讨论的文化中，否则你不会感受到“甘え”。根据这一理论，生活在不同文化中的人应该体验到不同的情绪。

20世纪60年代后期，在这种情绪观点仍占统治地位时，一位叫保罗·埃克曼（Paul Ekman）的年轻的美国人类学家决定为这一理论找到坚实的科学依据。让他非常惊讶的是，最后的结果截然相反。埃克曼的研究提供了第一份证明情绪文化理论有误的科学证据。

埃克曼的研究方法巧妙而简单。他到了一个没有文字的偏远文化地区（新几内亚的福尔），以保证研究对象没有看过西方的图片或电影，因此无从了解西方人的情绪。埃克曼给他们讲不同的故事，然后让他们从三张美国人表达不同情绪的照片中选出与故事内容最贴切的照片。

例如，一个故事讲述的是一个人独自呆在小屋里时遭遇一只野猪的情景，这个情景会让西方人感受到害怕这一情绪。福尔人很肯定地指出了与故事贴切的西方人害怕的表情。为了更确定一些，埃克曼让一些福尔人作出与每个故事相关的表情并录了下来。回到旧金山后，他又进行了实验，请美国人将福尔人的表情与各个故事相联系。他们的判断仍然正确。

当埃克曼第一次将研究结果在美国人类学协会上公布时，他受到了阵阵嘲笑。当时，情绪文化论根深蒂固，任何对它的批评都会被摒弃。然而，最终还是埃克曼赢得了这场争论。现在，情绪研究者普遍接受了这样一种观点——至少有一些情绪不是习得的，而是共通的、天生的。

埃克曼称这些情绪为“基本情绪”。尽管研究者对于有多少种基本情绪各持己见，但是他们逐渐达成了共识，即基本情绪包括：快乐、痛苦、愤怒、恐惧、惊奇和厌恶（见下框）。

基本情绪

基本情绪是共通的、天生的。它们的每一次出现都很突然，只持续几秒钟。研究者对于有多少种基本情绪各持己见，但是多数人会认同如下几项：

- 快乐
- 痛苦
- 愤怒
- 恐惧
- 惊奇
- 厌恶

一些研究者对这些情绪有不同的提法。例如，在基本情绪中常常出现“高兴”和“悲伤”等字眼。我认为这些词更适合描述心情而不是情绪（见第三章），因此在本书中我用“快乐”和“痛苦”等词表达基本情绪，而用“高兴”和“悲伤”等词来形容心情好坏。

任何文化中都有这些情绪。而且这些情绪并非习得的，而是人脑中所固有的。先天失明的婴儿也会作出传达这些情绪的典型面部表情——微笑、做鬼脸等，这就足以证明以上观点。语言因文化之不同而各异，而情绪表达则不一样，它们更类似于呼吸，是人类的一种天性。

当然，情绪文化论的坚决支持者可以辩驳说，埃克曼的研究只是表明与基本情绪相关的**面部表情**是普遍和天生的，但并没有告诉我们那些表情背后的主观感受。这有一定的道理，但**所有**私密和主观的东西都是如此。比如，我永远不能确定你我对红颜色或糖的甜味的感觉是一样的，但如果主观体验果真有如此巨大的差异，我们就很难进行交流。相同的词可以用在类似的语法结构中，但是，如果我们用这些词来代表完全不同的概念，最终必然会深陷误解的泥沼。我们对任何事情都无法达成一致。

虽然争议和误解是常见的，但是它们并不至于到了妨

图2 在这两幅蚀刻自画像中，伦勃朗（Rembrandt）表现了两种基本情绪的面部表情：惊奇和愤怒。

碍有效沟通的程度。多数人在大多数时候都可以清楚地传达信息。当我第一次在一本关于情感的书中读到有关“甘え”的描写后，我立刻明白了它的含义，尽管在英语中并没有一个直接的对应词。同样，在读到来自其他文化的作者所写的诗歌和小说时，我们也能了解到其中所描写的情感。如果情感是文化的产物，像语言一样变化迅速，那么这些文章就会显得陌生而不可理解。

没有语言的交流也是可能的。这主要归功于我们共有的基本情绪。当人类学家首次接触一个曾经与世隔绝的民族时，他们唯一的交流方式就是面部表情和肢体动作，其中很多是专门用于表达情绪的。当人类学家微笑时，这个表情马上就会被部落成员识别。他们也会报以微笑，向人类学家表示他们有着同样的感受。

于是，我们共同的情绪传承使得人类超越了文化差异联结在一起。无论何时，无论何地，人类都有着同样的基本情绪。不同文化对这些情绪有着不同的阐释，尊崇某些情绪，贬低另一些，以文化间的细微差别装点共同的情感，它们之间的差异更像是同一音乐作品的两种演绎方式间的差别，而并非不同的作品。正如两个乐队在演奏同一支交响乐时会各有千秋，两种文化在表现他们的情绪时也不尽相同。然而，大家都清楚，乐谱是相同的。

基本情绪的共通性为情绪的生理本质提供了有力的论据。如果基本情绪是文化的产物，那么它们的共通性确实令人惊奇。但如果认为它们是人类共同生理遗传的一部分，那么它们在世界各地的普遍存在就很容易解释了。所有的人都具有相同的身体构造，只是有一些细微的差异，同样，我们的情感也是相同的。这一共同的本质融在了人类的基因里，是我们共同的进化史的产物。

今天，世界上有60多亿人，他们遍布全球。而10万年前，地球上只有几千个人，他们都居住在东非的一小块区域中，现存的人类都是这一小群人的后代。在后来的某个时候，这群人中的一部分离开了非洲，开始在世界其他地区的漫长的殖民活动。

离开非洲时，我们的祖先看起来都是一样的，比如他们都有黑皮肤。后来，随着不同的人群迁移到新的地区，他们的进化就有了细微的差别。肤色是最明显的差异，而这一差异也的确只是表面上的。至于我们的内脏器官——包括脑——全世界的人基本都是相同的。既然基本情绪主要由脑结构决定，所有文化中的基本情绪在本质上都相同也就不足为奇了。

人类的心理共同性现在已得到了更广泛的认可，于是人们很难理解情绪文化论为什么会风靡一时。答案也许在于人类（同样普遍地）倾向于夸大不同人群之间的小差

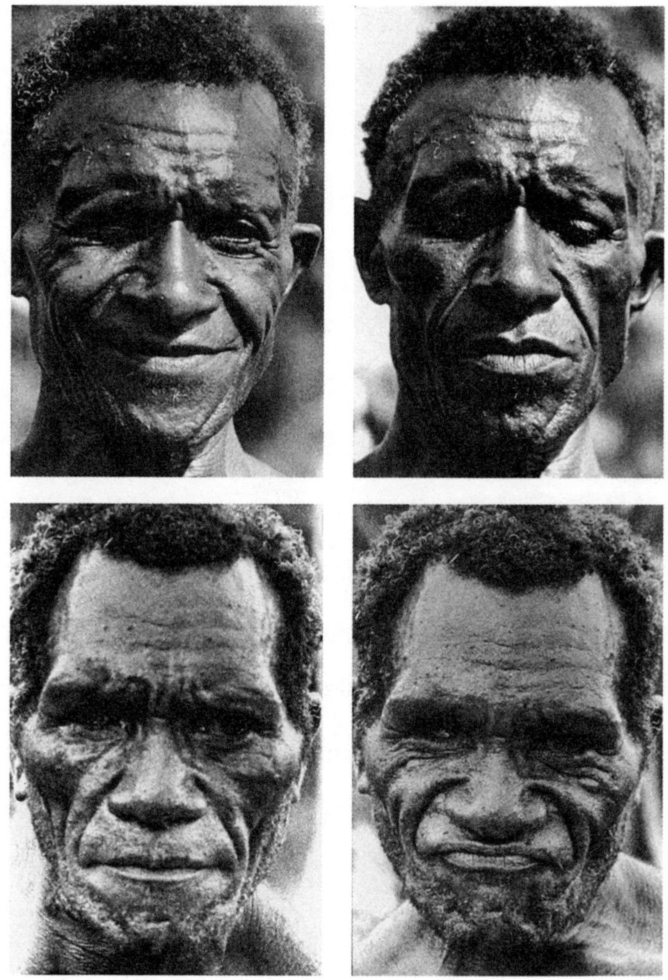

图3　表达基本情绪的面部表情在全世界都是一样的。

异。在寻找文化身份的过程中，我们会自然而然地把注意力集中在自己与他人的区别上，而不是共同点上。相应地在谈到情绪时，我们常常会注意细微的文化差异而忽视普遍的相似性。

欧洲人对东南亚民族的态度就是一个典型的例子。在很长时间里，英国人和欧洲其他地区的人用神秘、深不可测来形容日本人、中国人和东南亚其他国家的人。“费解的东方人”这一成见的主要根源在于欧洲旅行者们发现东方人的情绪很难懂。他们想知道在日本人不露声色的面孔后是否隐藏着与他们极为不同的情绪。

事实上，日本人确实比欧洲人和北美人更竭力地去隐藏情绪。对于哪些是社会接受的情绪表达方式，每一种文化都有自己的规则。在欧洲和北美，这些“展露规则”提倡用鲜明的面部表情来表达情绪，面无表情一般被认为是乏味无趣或者具有欺骗性。而在日本，过多的情绪展露常被视为无礼，因此日本人会努力减少情绪的表达。

然而，这些展露规则背后的情绪是相同的。保罗・埃克曼和华莱士・弗里森（Wallace Friesen）曾做过一个有趣的实验，他们让来自美国和日本的几名男性看一些电影片段，并给他们录像。其中一些片段是中性或者愉快的事件，如去划船游玩，而另一些则是很恶心的场景，如割礼、吸力辅助分娩和鼻腔手术。电影片段播了两次，一次播放由研究对象独自观看，另一次有一位访谈者在场。在独自观看时，可以观察到美国人和日本人的面部表情是相似的，而当访谈者在场时，日本人笑得更多，厌恶表情比美国人要少。

然而，这个实验的有趣之处在于慢速播放录像的时候，我们可以看到当访谈者在场时，日本人起初与美国人表现出同样的厌恶表情，但在不到一秒钟之内，就成功地掩盖了这些表情。换句话说，美国人和日本人感受到了同样的基本情绪。这些生理反应是自动的，无法自主控制。只有在几百毫秒过后，当知觉跟上之后，习得的展露规则才会压制住基本的生理反应。

因此，费解的东方人所掩盖的并非是极为不同的情绪，而是和世界上其他人类完全相同的情绪。欧洲旅行者怀疑东方人不露声色的面孔下隐藏着不同的心，实际上是对不同情绪展露规则的误解。

对美国男性和日本男性进行的实验表明，诸如害怕、厌恶之类的基本情绪反应是自动的，像反射作用一样，我们对其有意识的控制很少，它们比我们的主动行为快得多。因此，由文化决定的展露规则总是在基本情绪反应出现之后才会显示出来。基本情绪是与生俱来的，是通过基因而不是通过文化根植入我们的神经系统的，是人类共有的基本心理模式。

野猪般的情绪

然而，并不是所有情绪都是与生俱来的。有些情绪看起来确实**具有**文化特殊性。例如，新几内亚的古鲁姆巴（Gururumba）人所感受到的一种情绪对其他文化背景下的人来说显然是陌生的。这种情绪状态被称为“野猪般的情绪”（being a wild pig），因为体验到这种情绪的人表现得就像野猪一样：他们狂奔着、抢劫没有多大价值的东西，并且攻击旁观者。

这样的情绪显然不符合埃克曼所说的“基本的”。它们不是共通的，也不是先天的。“先天的”一词现在用得很多，且表达的意思千差万别，于是一些生物学家和哲学家最近提出应该放弃使用这个词。我认为这个词没有问题，只要我们在用的时候注意它所指的意思就可以了。我所说的有些性格特点是“先天的”指的是它们的形成几乎不需要特殊条件。换句话说，只要满足一个孩子生存的基本需求，如食物、住所和同伴，这个孩子就能形成人类所有先天的特点。在这个意义上，语言能力就是先天的，一个小孩不需要太多专门的教材就能掌握一门语言。你要做的就是让孩子在一群有语言能力的人中间成长。当然，讲英语或日语等某种特定语言的能力并不是天生的。除了基本的生存条件，这一特点的形成还有一些特殊需求，而这些需求不是在所有地方都可以满足的。

我所说的特定文化下的情绪不是先天的这一观点指的是只有具备了某些特殊条件，这些情绪才能得以发展，而只有特定的文化才能提供这些条件。这种条件的关键在于人们是在儿童期**学习**这种情绪的。换句话说，与自发形成的基本情绪不同，特定文化下的情绪只有置身于某种文化中才能形成。因此，对于“野猪般的情绪”，你只有听说过**才会**感受到它，而对于恐惧或者愤怒这样的基本情绪，即使从未听说也能够感受到，这就将二者区分开来。

不同文化可以孕育出具有不同情感的人，这一事实证明了人类大脑惊人的可塑性。如果你相信人脑是以特定方式运转的，那么即使你的理论并不适用于所有人的心理，**你**这个个体的部分心理活动可能也会符合这一理论的预测。换句话说，关于脑的理论在某种程度上是一种可自我实现的预言。如果你的文化告诉你有这么一种情绪叫“野猪般的情绪”，那么你可能就会体验到这种情绪。这种体验不是精心策划的欺骗行为。如果有欺骗的话，也是一种**自我**欺骗，虽然这种说法不太好，因为对特定文化的情绪的**感受**不是伪装的。事实上，它们和先天的基本情绪没什么两样。古鲁姆巴男人（只有男性才能体验到这种情绪）有种似乎被“野猪般的情绪”所控制的感觉，就像恐惧或厌恶等基本情绪一样“突然出现了”，丝毫不受意识的制约。“野猪般的情绪”是特定文化的产物，受这种情绪影响的人并不是在伪装这种情绪。

有趣的是，特定文化下的情感往往会成为人们摆脱困境的方法，“野猪般的情绪”就是这样。人们对于被这种情绪所控制的古鲁姆巴男人非常宽容，虽然这种情绪被看作是负面的，但由于它不受控制，人们就会体谅受这种情绪影响的人，包括暂时免除他们的债务。有一点很奇怪的巧合，这些人多数是25到35岁的男性，而这一时期也刚好是他们在婚姻初期第一次遇到经济困难的时候。多么幸运啊，当一个男人的经济负担加重时，他可以通过体验到某种情绪而使其他人允许他在承担这些责任时有一些回旋余地。

只有能够从中获益的人才会受到“野猪般的情绪”的影响，这当然不是巧合。心理学家詹姆斯·埃夫里尔（James Averill）认为很多情绪的功能就在于能够帮助人们应对文化中的特殊要求。如果真是这样的话，这也只适用于特定文化下的情绪。基本情绪不是为了迎合某种文化的具体要求，而是为了帮助我们应对所有的人都要面对的最基本的挑战，下一章会谈到这一点。

永恒的爱?

根据前面的介绍，情绪似乎可以被明确地划分为两类。一类是基本情绪，它们是共通的、先天的。另一类是特定文化下的情绪，如“野猪般的情绪”。但是，事情并不是这么简单。先天性并不是两个极端的问题，而是程度的问题。在研究情绪或者任何其他的生理或者心理特点时，我们不应该去问它是不是先天的，而应该问它**在多大程度上**是先天的。除了基本的生存需要，某个特点的形成所需的“特殊条件”越多，其先天性就越少。学习一种语言比长出两条腿的先天性成分要少，因为后者只需要正常的基因、基本的营养，以及免于灾难的运气，而前者除了需要这些条件，还要**加上**与其他有言语能力者的交流。学习英语的先天性成分就更少了，因为它要求其他有言语能力的人讲英语。

因此，我们应该把基本情绪和特定文化下的情绪看作一个连续体上的两端，而不是两种完全不同的东西。根据某种情绪的形成所需的特殊条件的多少，以及这些条件的特殊性，我们可以把情绪放在靠近“基本”的一端或者靠近“特定文化”的一端。基本情绪比特定文化下的情绪更具有先天性，但它们也需要一些最基本的条件。

对于某些情绪，我们可以相对容易地判断它们在先天性这一连续体上的位置。有很多证据表明恐惧和愤怒是非常基本的情绪，而“野猪般的情绪”明显是特定文化的产物。但是，对于其他情绪就没有这么清楚了。争议很大的一种情感就是爱情。有人认为它是一种共通的情感，像恐惧和愤怒一样根植于大脑。另一些人则不同意，认为爱情更像那种被“野猪般的情绪”所控制的状态。拉·罗什富科（La Rochefoucauld）曾说过一句名言：“如果有些人从来没有听到过爱情一词，那他们就永远不会谈恋爱。”有人认为爱情是特定文化下的情感，他们的观点更极端：如果以前没有听到过爱情故事，就**没有人**会谈恋爱。

这一观点最著名的支持者是作家C. S.刘易斯（C. S. Lewis），他认为爱情是在12世纪早期的欧洲创造出来的。就是在这一时期“典雅爱情”成为欧洲许多诗歌的主题。在这些诗歌中，绅士会爱上皇宫里的贵妇。他会成为她的骑士，为她效劳，然而他对她的激情很少会有圆满的结果。兰斯洛特（Lancelot）对亚瑟王（King Arthur）的妻子格温娜维尔（Guinevere）的爱可能是这一文学体裁中最著名的故事了。

如果爱情确实**是**一些中世纪诗人创造出来的，那么，在中世纪之前，就没有人可以体验到这种情感了。C.S. 刘易斯很乐意接受他的这一煽动性的论点所产生的结果，并且宣称“在荷马（Homer）和维吉尔（Virgil）生活的那个

图4　爱情：仅仅是文学作品创造出来的吗？

年代没有人恋爱”。

这一定可以位居20世纪最荒谬观点排行榜的前几名。很难相信像C.S.刘易斯这样敏感的人没有发现《旧约》的《雅歌》中所表述的显而易见的激情：

我妹子、我新妇，
你夺了我的心！
你用眼一看，
用你项上的一条金链夺了我的心！

然而这篇诗歌比中世纪的描述典雅爱情的诗歌早了一千多年。事实上，爱情的出现比这篇诗歌还要早，可能出现于人类初期。10万年前，当我们的祖先还在非洲平原上时，他们的身体活动与我们大不相同，但是他们的情感生活可能与我们非常相似。最早的人类大多数时间都是在平原上寻找可以吃的植物，建造暂时的居所，现在这些活动只在极少数人类聚居地中存在，但是许多进化心理学家认为，他们也花很多时间热恋、做爱、嫉妒、心碎，就像我们今天一样。

人类学家所研究的文字出现以前的社会无论在时间和空间上都与我们相隔甚远，而在这些文化中也可以找到爱情的存在。然而，如果浪漫的爱情是欧洲的发明，那么与欧洲没有接触的人就不会体验到这种感情。这一简单的设想让两位人类学家能够对爱情文化理论予以检验。首先，他们需要一个可操作的爱情的定义，为此他们确认了这一概念的核心要素：对一个人强烈的性吸引感，当所爱的人不在时感到愤怒和渴望，当对方在场时感到强烈的欢乐。他们还列出了其他成分，包括精心策划的示爱行为，如送礼物、用歌和诗表达爱情。然后他们考察了人类学的文献，统计了对这些特点有过描述的文化。出乎意料的是，他们发现所记录的90%的文化中都有这样的描述。如果人类学家确实**观察并记录**了这90%的社会中的爱情事件，我们可以打赌这一情感在另外的10%中也存在。

根据这些证据，似乎不应该有人再怀疑爱情的普遍性了。然而，将爱情看作欧洲的发明也有一点道理。即使是基本情绪在不同的文化中也有差异，尽管这种差异很小。回到音乐的那个比喻，尽管乐谱是一样的，不同乐队演奏同一支交响乐时也会有所不同。与此类似，不同的文化中的爱情也会表现得稍有差异。在西方，爱情有一些不同于其他地方的特点。这些独有的特点包括：爱情必须是突然发生的，它应该是一生承诺的基础，是自我实现的最高形式。因此，虽然爱情是人类共同的主题，但这个主题可以有一些小差别。

和“野猪般的情绪”不同，爱情可能不属于特定文化下的情感这一范畴，但它也不是恐惧之类的基本情感。哲学家保罗·格里菲思（Paul Griffiths）提出，情感不是分为两类，而是三类。他认为除了基本情感和特定文化下的情感之外，还有“高级认知情感”。这样分可以，只要我们认识到这些分类并不是非此即彼就行。如前所述，基本情感和特定文化下的情感之间的差异是程度上的而不是类别上的。我们把先天性看作一个连续体，基本情感位于“先天性程度最高”一端，特定文化下的情感位于“先天性程度最低”一端。加上第三类“高级认知情感”，这个连续体就会被分成三段而不是两段。高级认知情感的先天性比基本情感要少，但比特定文化下的情感要多。

除了在先天性程度上与基本情感不同以外，高级认知情感在其他方面也有所不同。它们不像基本情绪反应那样本能而迅速，也不是普遍只用一种面部表情表达。爱情就是一个例子。一见钟情是可能的，但这种情况较少，更常见的爱情是在几天、几周、甚至几个月内逐渐成长，而恐惧这种情感通常在几毫秒内就会发生。另外，恐惧可以很容易地通过典型的面部表情来识别，而爱情却没有特定的面部表情。

格里菲思认为像爱情这样的情感应该称为“高级认知情感”，因为它们比基本情感需要更多的脑加工。基本情感大部分是在大脑的下皮质结构生成，而像爱情这样的情感更多地发生于新大脑皮层中。在过去500万年人类进化过程中，新大脑皮层是大脑发展最快的部分，它支持着大多数复杂的认知能力，如条理清晰的逻辑分析。由于高级认知情感比基本情感与脑皮层的联系更紧密，它们更容易受到有意识思维的影响，这就可能使高级认知情感比基本情感更具有文化差异性。然而，尽管如此，高级认知情感仍然是普遍的。它们与基本情感一样，是人类特性的一部分，由我们共同的演化史塑造而成，这一点不同于特定文化下的情感。

除了爱之外，还有什么属于高级认知情感？可能的选项包括：内疚、羞愧、尴尬、骄傲、羡慕、嫉妒（见下框），也许“甘え”也应该被归为高级认知情感。这几项体现了高级认知情感更深层的特点：所有这些情感本质上都是**社会性**的，而基本情感则不是。你可以害怕或厌恶无生命的物体和非人类的动物，但是爱和内疚感的产生则需要他人的存在。伤害了一只动物可能会让你感到内疚，有些人也可能宣称爱上了他们的宠物，但内疚和爱似乎并不是因为这些才进化形成的。高级认知情感是由自然选择决定的，其目的是为了帮助我们的祖先应对日益复杂的社会环境。这些情感是将人类社会连在一起的黏合剂，我们在下一章将会有所了解。

高级认知情感

高级认知情感与基本情感都是普遍的，只是前者表现出更多的文化差异性。与基本情感相比，高级认知情感的形成与消失需要更长的时间。下面所列的是一部分高级认知情感：

- 爱
- 内疚
- 羞愧
- 尴尬

- 骄傲
- 羡慕
- 嫉妒

一些基本情感也可以具有高级认知情感典型的社会功能。比如某人看到粪便时会感到厌恶，这是一种基本情感。然而，当你对一种不道德的行为感到厌恶时，帮助你避开传染性的或者有毒的东西的基本情感反应也具有让你避开不值得信任的人这一社会功能。

第二章

为什么自然永远无法演化出斯波克

如果你看过《星际旅行》这部电影，一定会记得斯波克，那个尖耳朵的外星人。他一半是人类一半是瓦肯人—— 一种各方面看起来都很像人类的外星人，但命运的捉弄让他们长着一双尖尖的耳朵，暴露了他们的身份。

然而，在相似的外表下隐藏着深层次的差异，酷似人类的面孔背后是外星人的大脑，远比人类要发达。值得一提的是，瓦肯人没有任何情感。他们在历史上的某个阶段去掉了原始的动物特性，不再受到强烈情感的困扰，具有超人类的理性。

《星际旅行》的创作者延续了西方文化中一个古老的主题，即没有情感的动物要比人类更有智慧。从柏拉图开始，许多西方思想家都认为情绪是理性行为的障碍，至少是一种无害的奢侈品。我将这种观点称为情绪的消极观点。

图5 伦纳德·尼莫在1982年的《星际旅行II：天汗的愤怒》中扮演斯波克先生。

相反的观点——对情绪的积极观点——认为情绪是理性行为的关键。根据这一观点，像斯波克这样没有情感的生物实际上比我们的智力更**低**，而不是更高。直到最近，这一观点在哲学家和心理学家中也没有得到普遍认可，然而来自进化理论和神经科学的证据似乎为该观点提供了支持。

支持消极情绪观点的例子有很多。过度的感性会使人们行动起来缺乏理性，这样的事例我们都很熟悉。比如一个人受到了一帮流氓的侮辱，如果他无视这种侮辱并且走开就会更安全，但是自尊心可能会让他反击，使他成为暴力的受害者。一位受到老板批评的女性可能会伤心地辞掉了工作，但是最聪明的对策也许是咬紧牙关修正自己的行为。诸如此类的例子还有很多。

图6　对情绪的消极观点

凭一时的感性做事以后可能会后悔，我们不应否认这一点。情绪的积极观点并不认为情绪**总是**有用的，而是（与情绪的消极观点**相反**）主张成功的秘诀在于理性和感性的结合，而不是单凭理性。像斯波克这样完全没有情感的人有时可能比我们优秀，但在其他时候会比我们更糟。总的来说，拥有情感的益处要远远大于其害处。

如果拥有情感**只会**弊大于利，那么情感生物从一开始就不会演化出来。情感是很多特点的综合体，这些特点如果没有益处是不会演化出来的。因此，我们现在拥有情感意味着至少在进化过程的某个阶段，情感曾帮助我们的祖先生存下来并且繁衍后代。问题是，通过何种方式？

基本情绪的价值

我们很容易明白恐惧和愤怒等基本情绪是怎样帮助祖先生存下来的。在一个四处都隐藏着饥饿的捕食者的世界里，恐惧的能力非常有用。一旦出现危险信号，它可以使动物迅速作出反应，使它们浑身上下都充满了荷尔蒙，以便能快速逃跑，让它们脑子里只有一个念头：逃！(见下框）愤怒也是一样，只是它会让机体进入战斗状态而不是准备逃跑。

恐惧的两条通路

美国神经科学家约瑟夫·勒杜（Joseph LeDoux）发现恐惧是由大脑中两条不同的通路所控制的。第一条通路与基本情绪相连，它传递信号快，但是经常出错。第二条通路传递信号较慢，但是更准确。最理想的状态是两条通路一起工作，使这两部分都能达到最好的状态。第一条通路让我们迅速对潜在的危险信号作出反应，但是它常常被错误警报所激活。而第二条通路会认真判断形势，如果它认为危险不真实，就会切断由第一条通路引起的恐惧反应。在恐惧症患者中，第二条通路功能不正常，因此就会不断对无害刺激产生恐惧反应。

惊讶和厌恶的情绪也比较容易解释。惊讶可以帮助动物对新刺激产生反应。当出现意想不到的事物时，惊讶的反应迫使我们停下来仔细观察。我们的眉毛耸起、眼睛睁大，尽可能多地观察新情况，身体随时准备调转方向。同样，厌恶的能力也是有用的。在一个充斥着腐烂食物和粪便的世界里，传染病菌在里面安营扎寨，而厌恶感能让动物远离这些东西，使它们避免中毒或者被感染。

另外两种基本情绪——快乐和痛苦——的进化原理较为复杂。它们的演化是为了促使我们从事或者避免某些行动。在石器时代，快乐源于那些能帮助我们传宗接代的行为和事件。发生性行为、遇见老朋友、得到礼物等之所以会让人感到快乐，是因为这些事情都有利于祖先顺利地繁衍生息。相反，朋友死亡或重要物品丢失会使人悲伤，因为这些事情都不利于我们祖先的成功繁衍。这并不意味着我们的祖先认为这些情绪和基因的成功遗传有关。自然选择并没有赋予我们直接去思考基因如何才能更好地遗传这一问题的能力，而是给了我们感受快乐的能力，后又使我们的快乐体验和那些有助于基因遗传的事情联系起来。

如果快乐和痛苦是作为驱动力演化而来的，就像谚语中的胡萝卜和大棒一样，那么它们应该是通过预测来起到驱动作用的。如果这些情绪无法预测某一具体行动会让人感到快乐还是痛苦，它们就无法告诉我们该不该采取此种行动。如果我们不能根据这些情绪所作的预测来决定该怎么做，那么感到快乐或者痛苦就没有意义了。这意味着不管愿意与否，为了明白什么事情会让我们快乐或痛苦，我们首先要体验过这些情绪，然后根据对这些情绪的记忆来掌控自己的生活。因此童年是很重要的，在这个时期里我们尝试着发现个人的好恶。

幸运的是，我们不必完全依靠自己的经验。尽管每个人的喜好不一样，但快乐或者痛苦的根本原因对于所有人来说都相同，因此我们可以借鉴他人的经验。恐惧和厌恶等其他基本情绪也是如此。看到父母害怕在某一条河里洗澡，孩子们不用自己体验就知道那条河有危险。同样，看到父母讨厌某种食物，他们自己就不会去品尝那些不好吃的东西。对**智人**这样的社会生物来说，情绪的作用是双倍的。一方面，内在感觉和情绪引起的身体变化使得机体采取或避免某种行动。另一方面，情绪的外部表现会为他人提供信息，使他人可以借鉴我们的经历。

其他社会生物中也有同样的现象，包括许多灵长类动物。在一个实验中，一群实验室中饲养的猕猴第一次见到蛇时并不害怕。然而，在看到电影中的另外一只猴子见到蛇时的恐惧反应之后，它们对蛇也有了恐惧的反应。然而，从经验中学习也是有限度的。当看到电影中的其他猴子对一朵花或一只兔子感到害怕时，生长在实验室中的猕猴并没有对这些毫无威胁的东西表现出恐

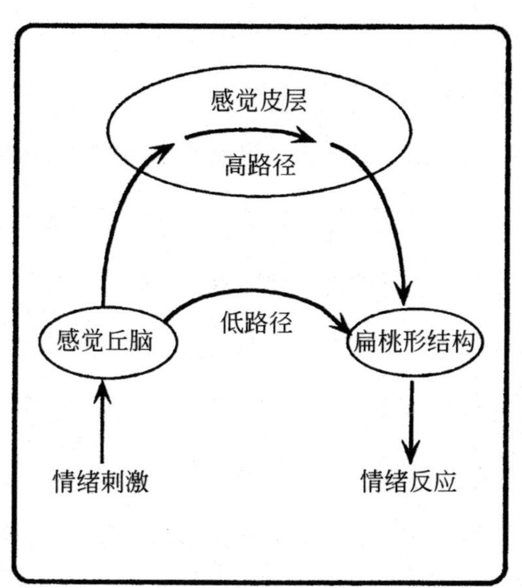

图7 恐惧情绪的两条神经通路（摘自约瑟夫·勒杜的《脑中有情》）。

惧。情绪的学习取决于环境影响以及个体选择性地学习某些东西的内在倾向。

不是所有的情绪表达都能让其他生物来间接学习。有些情绪表达不是真实情绪的反映，而是欺骗行为。例如，当一只猫受到威胁时，它的毛会竖起来。然而，这一信号不是为了让其他动物知道它受到了威胁。相反，它希望其他动物——捕猎者——**不**知道自己受到了威胁，因为这会刺激捕猎者对它进行攻击。毛竖起来是要让自己看起来比实际更强大，以此来防止捕猎者或者其他猫对它的攻击。

因此，在考虑情绪的演化时，我们必须考虑每种情绪反应的所有要素。只注意内部感觉是不够的，还必须要考虑面部表情和其他信号。达尔文是第一个强调这些信号的重要性的人，在其著作《人类和动物的情绪表达》(1872)中，达尔文考察了很多情绪信号在漫长的进化过程中的连续性。达尔文对这些信号很感兴趣，他认为它们能很好地证明人类是从其他动物进化而来的。例如，当我们害怕时毛发会竖起来，他认为这是从祖先那里继承的特点，那时他们浑身上下都长着浓密的毛发，害怕时毛发就会竖起，就像今天的猫一样。当然，现在我们头上的几根头发就算竖起来也很难使我们显得更大，因此这样的反应已经没有多大用处了，但它仍然存在，这是我们的类人猿祖先所遗留下来的一个特点。

恐惧时毛发会竖起，愤怒时会露出牙齿，这些情绪表达的进化原因很容易理解。然而，其他情绪表达就非常神秘了。流泪就是如此。我们在悲伤时为什么流泪这一问题让进化论者很困惑。表达情感的泪水是人类独特的现象。大多数哺乳动物都有泪腺，但是泪腺的存在只是为了保护眼睛不受到伤害。没有其他的生物会在悲伤时哭泣——甚至我们最近的亲戚猩猩也不会。

达尔文否认悲伤的眼泪有任何作用。他认为泪腺是为了在婴儿期保护眼睛才进化出来的，因为长时间的哭喊会导致视觉损伤。达尔文认为成人在悲伤时流出的眼泪只是

图8　猫在害怕时毛会竖起来，使它看起来更强大些，以免遭到攻击。

摩擦眼睛时泪腺被压迫所导致的偶然结果，就像笑或者打喷嚏时同一部位的肌肉收缩也可以导致流泪一样。

最近，有研究者对上述观点提出了质疑，他们认为表达情绪的眼泪有许多功能。威廉·弗雷（William Frey）发现悲伤的眼泪与其他类型的眼泪在生化成分上不同，于是他提出眼泪可以消除身体中的压力激素。他声称这就是人们在痛快地哭一场后感觉会好很多的原因。一种更普遍的观点是眼泪是悲伤的真实表达。表达情感的信号如果是发自内心的，那它们一定不容易假装，而且有意去哭也确实很困难，演员要经过反复练习才能哭得自然。根据这一观点，哭过之后感觉会好一些不是因为排除了多余的荷尔蒙，而是因为哭泣通常会使我们得到他人的帮助。如果这是一个合理的进化解释的话，那么哭泣这一情绪表达应该出现在同情之后，或者与同情同时进化出来。然而，这一理论仍存在一个问题，它不能解释为什么**独自**哭泣有时也会让人感觉好一些。

既然人类是唯一在悲伤时哭泣的动物，这种情绪表达一定是在相对较近的年代——也就是人类从猩猩的谱系中分开来以后才出现的。其他大多数情绪表达则更古老一些。我们害怕时毛发会倒立的现象可能起源于5,000万年前，那时地球上居住着哺乳类动物的共同祖先。而害怕这种情绪比它本身的生理表现还要早。事实上，它可能是最早出现的几种情绪之一。大约5亿多年前出现的第一批脊椎动物可能就具有这种情绪。这些早期脊椎动物的后代——两栖动物、爬行动物、鸟类、哺乳动物——都继承了害怕的能力。人类并不是唯一会害怕的动物。

快乐和痛苦等基本情绪则出现得晚一些，但也有很长的历史了，因此不只是人类才有这些情感。一只猫蜷伏在温暖的火炉旁大声地打着呼噜，有谁能怀疑它的快乐呢？证明其他动物也会感到悲伤可能会更难，但是大象就有这种情感。在小象被猎杀后，尽管有危险，母象仍然舍不得遗弃孩子的尸体，并且经常到它们的坟地去。

你也许会认为我多愁善感，那我们就先来看一下神经解剖学上的证据吧。当我们拿差异很大的动物作对比时，我们发现它们的大脑惊人地相似。例如，在所有脊椎动物中，脑都被分为了三个明显的区域：后脑、中脑、前脑，每一个区域都有相同的基本结构和通路，这表明脑的进化是一个非常保守的过程，在这个过程中许多系统的变化都极其微小，尽管身体的其他部分可能有很大的改变。调节害怕和愤怒等基本情绪的神经系统尤其如此。神经科学家约瑟夫·勒杜证实了各种动物调节愤怒反应的神经机制是相同的，无论是鸽子和老鼠还是猫和人类。其他动物与人有着相似的情感体验，这一观点有着坚实的科学基础，并不是将动物拟人化。

对包括人类在内的所有哺乳动物来说，恐惧和愤怒等基本情绪是由一组被称为边缘系统的神经结构来调节的。这些结构包括海马区、有色带环绕的脑回、前丘脑以及扁桃形结构（见图9）。这些结构位于脑中央，处于新大脑皮层的神经组织之下。顾名思义，新大脑皮层是近期才进化出来的。虽然鱼类、两栖动物、鸟类、爬行动物也有新大脑皮层，但是哺乳动物的新大脑皮层更大，它完全包住了边缘结构，这一点是哺乳动物与其他脊椎动物在脑结构上的主要差异。神经科学家保罗·麦克莱恩（Paul Maclean）认为，哺乳动物的脑进化主要在于新大脑皮层的扩展，而较早的边缘结构变化较少，当然也不是**完全**保持不变。在对不同物种进行比较时，所有的问题都是程度

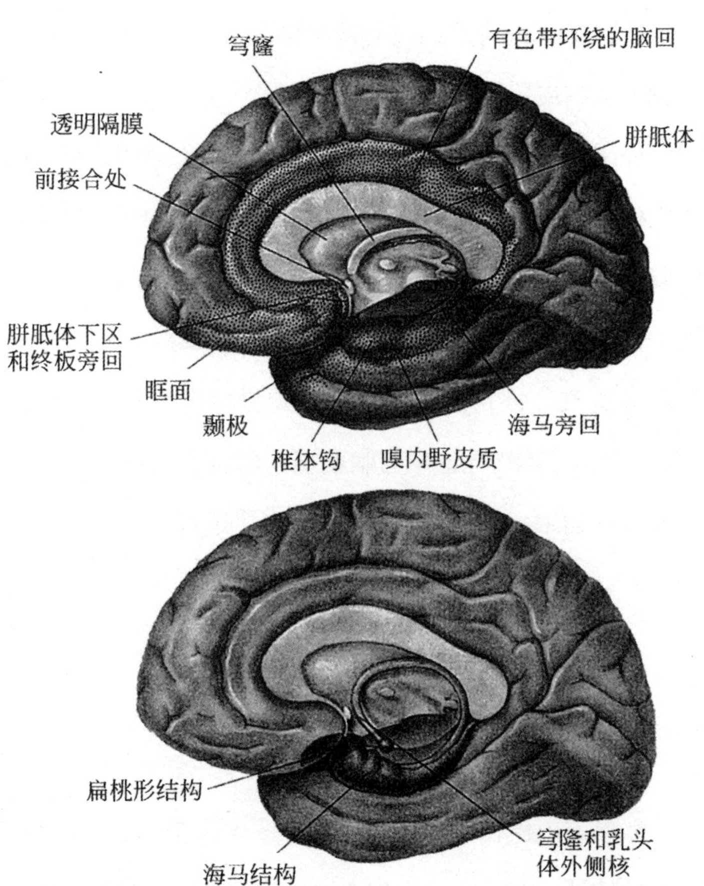

图9 人脑，突出了一些边缘结构。

上的，比如我的边缘结构与乌龟的不同（但愿如此），但是我的大脑皮层与乌龟的差异更大。

如果恐惧等基本情绪完全由边缘系统来调节，那么爱和内疚等高级认知情感就主要在大脑皮层中生成。这就意味着高级认知情感的进化比基本情绪要更晚，随着高级哺乳动物的出现，新大脑皮层开始扩展，在此之后高级认知情感才出现。换句话说，高级认知情感的存在不会超过6,000万年，事实上还有可能更短，而脊椎动物的脑以及基本情绪自形成已有约5亿年的历史，远远长于高级认知情感。

内疚、爱和报复的进化

如果说内疚和爱等高级认知情感开始进化的时间还很不清楚的话，那么它们进化的原因则更加令人迷惑。恐惧或厌恶能帮助我们的祖先生存下来，这一点很容易明白，但是爱或者内疚能给他们带来什么好处就很难理解了。有人提出了一些很有趣的建议，它们也许可以解释这些情绪为什么非常重要。这些建议在很大程度上还只是推测，因此我们不能全盘接受，但它们确实提供了深一层的想法，使我们认识这些情绪可能带来益处。

拿内疚感来说吧。从表面上看很难明白为什么自然会选择让我们有内疚这种情绪。生活中有很多情况下是可以欺骗的——不付出代价就得到好处。如果你有把握自己不会被发现，那么欺骗就是最有利的方法。然而，如果你有良心，欺骗过后的内疚感可能会阻止你这么做。这样的话，会内疚的动物就会输给那些肆无忌惮的对手，内疚能力因此就会被自然选择所淘汰。

经济学家罗伯特·弗朗克（Robert Frank）对这一观点提出了质疑。弗朗克认为会内疚实际上是有益的，因为人们更容易信任那些他们认为有良知的人。他用下面的故事说明了这一点：试想史密斯和琼斯两个人想开一家饭店。史密斯是一个有天分的厨师，而琼斯是一个精明的老板，他们联手可以经营一家非常成功的企业，这样他们的收益要比各自单干高得多。然而，他们都知道对方有可能欺骗自己而不被察觉。例如，史密斯可能会从食物供应商那里拿回扣，而琼斯可能做假账。如果只有一个人欺骗，这个人能从中获得巨大的利益，而另一个人则会遭受损失，但如果两个人都欺骗，他们的收益要比两个人都诚实时少得多。如果史密斯和琼斯都能保证不欺骗，那他们都会因此而受益。但是怎样承诺才能让人信服呢？光保证不欺骗是没有说服力的，对于无所顾忌的人来说，作出承诺与违背承诺同样容易。

这时内疚感就派上用场了。如果欺骗后你会感到内疚，这种感觉就会促使你诚实守信，即使你知道欺骗行为不会暴露。同时，如果别人知道你是这样的人，在寻找诚实的合作伙伴时他们就会来找你。当然，判断一个人是否有内疚感需要一些可靠的线索，比如脸红。只有当这些线索表明你是有良心的人时，别人才会知道一个可靠的人和一个无赖之间的区别。这些信号必须是难以伪装的，否则它们就不可靠了。弗朗克认为，脸红等情绪表达通过自然选择根植于人类的生理结构，其目的就是为了证明这种可信任性。

言出必行在生活中许多其他情境下也是至关重要的。弗朗克将这些情境统称为“承诺问题”。他认为每种高级认知情感解决的是不同的承诺问题。内疚要解决的承诺问题是作出不欺骗别人的许诺。同样，爱情解决的是另一种承诺问题——一方必须作出令人信服的承诺，保证对另一个人永远忠诚。例如，杰克和吉尔都认为对方是合适的伴侣，但只有他们确信对方不会见异思迁时他们才会结合。这种确信来自于对方的爱。假设在两种情况下杰克向吉尔作出了承诺：一是出于情不自禁（也就是不能自已）的、让他失眠、心跳过速的感情；二是经过了一番理性分析，衡量了她的优缺点之后。在这种情况下，前者更有可能打动吉尔。就像道格拉斯·叶茨（Douglas Yates）所写的，“一个对爱保持清醒的人无法去爱”。

另一种承诺问题是威胁说一定要报复。假设你是班里最小的孩子，班里的霸王扬言要偷你带的午饭。你可能会威胁说，如果他敢这样你就会照鼻子给他一拳。但是，如果他知道你是一个理性的人，那他就不会把你的威胁当真。毕竟，给他一拳后你们必定会打起来，而打起来的话你几乎注定会输，那时就更倒霉，不仅丢掉了午饭，还多了一两个黑眼圈。然而，如果大家都知道你有仇必报，问题就好办了。复仇的冲动使你不管结果如何，在受到侮辱后就要报复，这样，那个坏小子在偷你的三明治之前就要好好想想了。情绪于是再次表现出一种“全盘理性”，使人们不被纯粹理性所禁锢。

因此，根据弗朗克的观点，高级认知情绪如内疚、爱以及复仇的冲动有着非常重要的作用。它们有助于解决只靠理性无法解决的承诺问题。然而，这些情绪并不是没有缺点。它们也许能帮助我们作出有效的承诺和威胁，但如果有人看穿了我们是在虚张声势该怎么办？尽管我心跳加快、脸色通红，但如果我的表白被置之不理，那么在几周、几个月、甚至几年内我都会陷入无谓的痛苦。单恋是自然最残酷的惩罚之一。同样，尽管学校里的那个霸王知道我有报复心，但他如果还是去偷了我的三明治，那报复他会让我更惨，不但丢掉了三明治，还会被打得青一片紫一片。

当然，一种理想的状况是我们既获得了这些情绪带来的好处，又不会有任何因被人识破而引起的危险。比如，我们可以诚挚地表白自己的爱，而当表白被拒绝时爱也会迅速消失。我们也可以扬言要复仇，而当他人信以为真时反而不敢付诸行动。但是这种行为会使将来任何承诺和威胁的有效性大打折扣。要让威胁有效，就必须表现出你**迫不得已**必须付诸行动。这样看来，高级认知情绪似乎不可避免地成为了双刃剑。

只有向别人证明你会不惜代价让承诺和威胁兑现，承诺和威胁才是有效的。也就是说，你必须表明为某种情况所迫，你“不得不”兑现这些承诺或威胁。我们将其称为“手铐原则”（handcuff principle）。这些情绪要发挥作用，它们就必须有一种不可规避性，这样，当别人不相信你时，你别无选择，只能兑现这些承诺和威胁。这些情绪让你不得不违你所愿地执行某种行动。而且，这副“手铐”必须能让他人清楚地看到，如果别人看不到，这种机制就没有意义了。对于内疚感来说，脸红等生理信号就能表明这副“手铐”的存在。人们希望“手铐”的可见性能有效地防止自己被识破——比如学校的坏孩子看到你怒不可遏，就不敢动你的三明治——但这种方式偶尔也会失败。那个坏小子还是偷了三明治，使得你不得不报复。于是你被复仇的欲望所控制，迫不及待地想要狠狠地揍他。虽然理性告诉你要谨慎，但这一声音早已被强烈的情感所淹没。

当对峙双方都被这副“手铐”所控制时，就会出现另一种危险。在这种情况下，只要一方先揭对方的底，一场永无休止的循环报复就开始了。斯蒂芬·平克（Steven

Pinker）用一个小故事说明了这种危险。巧合的是，故事里有**真正的**手铐：

为了阻止修建核电站，一群抗议者们躺在通向工地的铁轨上。理智的火车司机别无选择，只好先停车。为了对付这群抗议者，铁路公司让火车司机固定住节流阀，使火车缓慢移动，然后自己跳下火车在旁边走，这样抗议者们肯定会乱作一团。而下一次抗议者们用手铐将自己铐在了铁轨上，这样司机就不敢跳下火车了。但是，抗议者们必须肯定火车司机能够看到他们并及时停车。而再下一次铁路公司就会派一个近视眼司机来开车。

可能正是这种恶性循环导致了意大利和北美的黑手党家族之间的仇杀不断，激起了北爱尔兰和中东的宗派主义屠杀。每当法律处于弱势的时候，攻击和报复常常会永无休止地循环下去。由于报复的冲动深深地融入了我们的血液，尽管对双方都毫无益处，这种冤冤相报还是始终存在。让人悲哀的是，人性的这一特点有着充分的理由发展进化。如果没有报复的愿望，我们就很容易被压榨。在人类进化的过程中，拥有这种情绪显然利大于弊。

情绪在今天还有用吗？

现在的情况又怎么样呢？复仇等情绪对于靠狩猎与采集为生的祖先来说是有用的，他们用棍子和石头作为复仇武器，造成的伤亡可能很少。然而，在今天这个枪支唾手可得的时代里，这样的情绪肯定有不利影响。也许所有的情绪都是如此。也许瓦肯人确实比我们更高级。也许斯波克和他的瓦肯同胞们在进入高科技世界时抛弃情感是很明智的。

这似乎与达尔文的观点不谋而合。在其著作《情绪的表达》中，达尔文认为情绪表达在过去是有用的，而在今天已失去了它的价值。例如，人们在愤怒时往往会龇着牙，这一点继承了类人猿祖先原始的愤怒表达方式。达尔文似乎在暗示情绪及其表达就像阑尾这个残余的器官一样，它源于人类早期的进化，而现在已失去了作用。因此，达尔文的观点似乎强化了对情绪的消极认识。

与祖先生活的世界相比，我们的世界在许多方面都发生了巨大的变化。例如，我们没有了被捕猎者吃掉的危险，被其他人攻击的可能性也大大降低了。如果恐惧情绪的演化是为了帮助我们避免这些危险，那么今天没有这种情绪可能会更好。显然，过度恐惧会导致许多问题，如恐惧症和恐惧发作。很少有人因为恐惧感太**少**而感到困扰。然而，这可能是因为那些没有恐惧感的人早在意识到他们的问题之前就已经性命不保了。恐惧不光能帮助我们防御侵略者，它还能帮我们避免很多可能是致命的鲁莽行为。恐惧会阻止你在车来车往的马路上随意穿行，或者在悬崖边上跳舞。没有了恐惧感，生活中可能会少一些痛苦，但生命也可能会更短。

愤怒的情绪在今天看起来也没什么用处。与类人猿祖先不同，多数现代人很少发生身体上的暴力行为。保留这种促使我们发生冲突的情绪有什么好处呢？一种答案是发生冲突不一定是身体上的行为。我们今天的争端以其他形式体现出来，但仍然需要勇气和决心，而愤怒恰好提供了这样的内在动机。不会愤怒的人永远无法领先。另外，今天的世界并非完全不需要身体暴力。即使在富裕且法制健全的发达国家，武力在很多情况下也是保护自己的唯一方法。正如电影《超级战警》所描述的，在未来世界，人类的愤怒情绪完全消失了。当凶险的罪犯由20世纪受到惩罚后的假死状态中恢复过来时，没有人能够制服他。只有当另外一位20世纪的人——一位与罪犯一样会愤怒的警察——复活之后，罪犯才被抓住。

当然，过度愤怒也会造成一些麻烦。公路暴力就是一个明显的例子。近年来在一些西方国家，这样的事件越来越多。由于在拥挤的路上开车带来的压力，一些司机的情绪到了一触即发的程度。有时愤怒的司机只是按喇叭，或者咒骂那个惹恼他的人。然而在其他情况下，他可能会跳下车来，将另外一个司机拖到路上，对其拳脚相加以泄愤怒。适当的愤怒是有益的，但过度的愤怒则会导致严重的后果。

这一点也适用于其他情绪。情绪的最佳状态是要有合适的度，不能太多也不能太少，甚至性嫉妒在占有和纵容之间也有一个最佳的平衡点（见下框）。亚里士多德的整个伦理系统就基于这一简单的观点。他认为美德就是某种情绪的两个极端之间的平衡点。勇气是恐惧感过多或过少这两个极端之间的平衡点。友善则处于极端暴躁与谄媚之间等等。

嫉妒：好还是坏？

与其他高级认知情绪一样，嫉妒的进化是要帮助我们的祖先在复杂的社会群体中生存和繁衍。嫉妒能督促他们对自己的配偶保持警惕，从而帮助我们的祖先确保他们的性伴侣不会出轨。然而，与其他情绪一样，过分的嫉妒不是好事。过多的嫉妒会使人变得暴躁和强横，这会导致同伴的离去甚至死亡。盯梢者往往是那些被抛弃的情人，他们的嫉妒导致他们以极端的甚至是可怕的情感追求以前的伴侣。这种关于嫉妒的反例很容易使人们认为所有的嫉妒都是不好的。如果这样想的话，那就是把婴儿与洗澡水一同倒掉了。过多的嫉妒不好，但过少也不好。如果伴侣从来没有嫉妒的表现，有多少人会认为伴侣是爱自己的呢？

亚里士多德的中道思想与今天心理学家所说的“情商”非常相似。情商包括在感性和理性之间保持平衡，双方都不处于绝对的控制地位。情商高的人知道何时该控制情绪，何时该跟随情绪。情商还包括正确解读他人情绪的

图10　一位女性嫉妒地看着男人与其他人调情。

能力。人们在流泪时的心情很容易猜测，但是这种信号并不总是这样明显。我们经常试图掩盖情绪，让其他人很难猜出我们的感受，尽管一些本能的动作常常会透露我们内心的想法。通过这种微妙的信号猜测某人的情绪是一种少见的能力，虽然经过练习这种能力可以得到提高。

现在，越来越多的证据表明，对面部情绪表达的识别能力是由特定的神经通路实现的。这些通路包括扁桃形结构等边缘结构。当这些结构受到损伤时，通路被打断，区分不同面部情绪表达的能力就会下降。例如，扁桃形结构的双面损伤降低了人们区分恐惧和愤怒等消极情绪的能力。进化似乎并不只是形成了感受和表达情绪的能力，也给了我们识别情绪的具体机制。

我们现在应该清楚这种机能的用途了。如果没有猜测他人情绪的能力，就会失去许多从他人的经验中学习的机会，使我们不得不以一种更困难的方式学习——自己摸索。如果没有这种能力，我们也很难判断该相信谁。无意识的情绪信号能帮助我们清楚地判断人的个性。在一个实验中，一群陌生人被随机分成两人一组，他们有30分钟的时间进行交流。然后让他们自己作一个简单的决定，即是否会与此人合作，以及是否会欺骗对方。他们还要猜测另外一个人可能会怎么做。结果准确率非常高。这些实验的研究对象都有正常的头脑，而在相似的实验条件下，由于大脑损伤导致探测他人情感信号能力消失的人的表现则差得多。

现在我们应该很清楚了，一个完全没有情感的动物不会长久地生存下去。没有恐惧，当它面对走过来的狮子时可能还在考虑这是不是真正的威胁。没有愤怒，它就会受到无情的攻击。缺乏厌恶感，它可能会吞下粪便和腐烂的食物。没有感受愉快和痛苦的能力，它可能什么也不想做——这对于生存非常不利。尽管有着《星际旅行》这样的幻想，但自然永远无法进化出瓦肯人。

道德情操

如果自然真的进化出了瓦肯人，他们可能也不是理想的人。绝大多数——如果不是所有的——道德行为背后都存在着情感。没有这些情感我们就不会有美德。从亚里士多德到亚当·斯密，很多思想家都强调了情感对于道德行为的根本指导作用。我已经提到过亚里士多德关于美德是极端情感之间的平衡点的观点。亚当·斯密也将情感与道德联系在一起，虽然联系的方式极为不同。他认为有些情感就是为了帮助我们的行为合乎道德而形成的，现在这一观点似乎得到了进化论的支持。斯密将这些情感称为“道德情操”。

在情感与道德的关系方面，其他思想家有着非常不同的观点。霍布斯（Hobbes）认为人类的自然情感总是使我们倾向于做出自私的行为，而唯一能使我们的行为合乎道德的方式就是超越动物本能，按法律行事。康德（Kant）也提出了类似的观点。康德并不否认情感有时可以让我们做出正确的事情，但是他认为受情感驱动的行为并不是真正的道德行为。例如，如果一个人出于恐惧而服从道德律，对于康德来说这就不是一种道德行为。根据康德的观点，使行为合乎道德的唯一方式就是排除情感的因素而服从道德律，就是为了服从法律而服从法律。这种冷冰冰的道德观只适用于瓦肯人。

然而不幸的是，康德的道德观对西方思想有很大影响。一方面，他提倡的是情感的消极观点，因此现在人们普遍认为当行为由情感驱动时，就会失掉道德价值。几年前英国一位保守党政治家为这一荒谬的论据提供了一个经典案例。为了驳斥对手关于在社会各阶层重新分配财富的政策，他指责对手是在宣扬“嫉妒政治”。其潜在的理由很清楚：嫉妒是一种情感，而且不是什么好的情感，因此由这种情感驱动而制订的任何政策都是不对的。但嫉妒并非一无是处。事实上它是正义感的关键所在，驱使我们建立一个更公平的社会。“嫉妒是民主的基础”，伯特兰·罗素曾这样写道。也许它的进化正是出于这样的目的，因为当我们的祖先生活在靠捕猎和采集为生的小群体中时，防止过度的不平等是非常重要的。嫉妒的进化也可能仅仅是促使人们为自己争取更多的东西。不管是什么原因，嫉妒是人类本质的一部分，政治家不能通过立法将其消除。我们可以做的就是决定怎样表达这种情感，或者通过财富重新分配政策，或者通过暴力和偷盗。那位保守的政治家是否认为后者更好一些呢？

另一方面，康德的道德观为人们如何进行道德判断也提供了一个误导性的观点。根据道德律理论，当我们要决定哪一种行动更道德时，我们就会针对具体情况用一些普遍规则来判断，就像法官根据拿破仑一世时的法律制度来履行职责一样。这样的观点使哲学家莱布尼茨（Leibniz）梦想创造一种可以套用规则的机器，使道德判断自动化，最终排除道德生活中的所有不确定因素。如果我们想要知道一件事情是对还是错，只要咨询一下自己的道德电脑就可以了。

今天，许多关于道德行为的心理学著作中仍然存在关于道德程序的幻想。大部分关于儿童道德判断能力发展的理论仍然基于这样一种观点，即道德判断能力的发展在于掌握一系列的规则。《星际旅行》再次将这一观点用拟人化的手法表现了出来，尽管这一次的人物是《星际旅行：下一代》中的，而不是来自原初系列。指挥官戴塔是一个酷似人类的机器人，很难看出他和我们有什么不一样。在戴塔的硅脑中是一个只考虑道德行为的特殊软件。在有一集中，这一“伦理子程序”失灵，于是戴塔突然变得不体谅他人，然后精神错乱。

精神病患者确实无法用道德标准来评定，但这并不是因为他们缺少“伦理子程序”。我们多数人所具有的、而精神错乱者没有的道德能力不是基于像电脑程序指令一样的一组规则，而是基于同情、内疚、骄傲等情感。因此儿童道德能力的发展不能用命令或者规则来教导，除非他们的情感能力也得到了很好的培养。精神错乱者执行规则的能力只会更强。没有道德情操来指导你的道德判断，你遵守的就仅仅是法律条文而不是法律的精神。

第三章

通向幸福的捷径

能够让我们高兴和痛苦的事情太多了。看美丽的日落、做爱、吃冰激凌、听巴赫的康塔塔是四种截然不同的活动，但它们都能引起愉快的感觉。相反，丢失最喜爱的玩具熊、考试不及格、听到所爱的人死亡的消息都会让人感到痛苦。在这种令人迷惑的差异背后是否有任何模式呢?

为了解答这一问题，心理学家建立了一个巨大的数据库，把能让人感到幸福的事情收录了进去。幸福与愉快虽然不同但却紧密相连。愉快是一种基本情绪，与其他基本情绪一样，每次只持续几秒钟，很少超过一分钟。而幸福是一种心境，它持续的时间很长——从几分钟到几小时。心境是一种背景状态，它能增强或者降低人们对情绪刺激的反应。例如，心情好时更容易对好消息作出高兴的反应，而在悲伤的心境下，反应就不会很强烈。相反，悲伤的人听到坏消息时更容易哭泣，而心情愉快的人对此可能只是一笑了之。焦虑的心情更容易让我们害怕，而烦躁的心情更容易让我们愤怒。

比起愉快，人们对幸福更感兴趣，因为幸福持续时间更长，而且更容易让人产生愉快感。看见美丽的日落产生的愉快感并不比日落本身持续的时间长，但是这种体验可能会让我们连续几小时都处于一种幸福感当中。当心理学家对总体生活满意度进行研究时，他们调查的是幸福感而不是愉快感。针对生活满意度的几百个调查结果构成了世界幸福数据库（The World Database of Happiness）。

仔细考察这一数据库，最突出的一点就是物质财富并不能让人感到幸福。幸福不能用钱来买这句老话似乎得到了科学印证。当然，有钱可以使你远离那些因为最常见的原因而导致的不幸，如饥饿和缺医少药，但是离获得幸福还相差很远。

然而，今天仍有许多人幻想着物质财富是解决所有问题的灵丹妙药。因此，赢得彩票成了人们共同的梦想。

如果这些人知道对那些大奖获得者所做的研究，这样的梦想可能就没那么普遍了。研究表明，多数人在中奖之后并不是非常幸福。当人们赢得巨额彩票后，很少有人觉得生活满意度提高了，多数中奖者的幸福感会迅速消退，感觉又回到了中奖之前。以前幸福的人仍然幸福，以前抑郁的人仍然抑郁。

一夜暴富引起的幸福感很少能持久。当最初的兴奋消失后，突然的落差甚至会**降低**你的幸福感，至少亚当·斯密这样认为（见下框），尽管最近的研究对这一观点提出了质疑。斯密认为突然的好运气——不管是钱还是别的什么——都可能有副作用。约翰尼·埃斯（Johnny Ace）就是一个例子。约翰尼·埃斯是一位摇滚歌星，1952年他的第一支单曲就荣登排行榜榜首，他也由此一夜成名。接下来的三张唱片也迅速走红。默默无闻的牧师的儿子突然间成为了一位摇滚明星。然而他的运气随后慢慢消失了。虽然他的第五支单曲也很成功，但效果不及前几张。第六张唱片甚至都没有进入排行榜。在1954年的平安夜，约翰尼用一支左轮手枪对准了自己的头部，开枪自杀了。有人认为是他在摆弄那支枪的时候枪走火了，但更可信的解释是：突然成名使他无法应对挫折，而大多数音乐家在成名前对这种挫折早已习以为常。

亚当·斯密论好运气的危险性

一个人由于命运中的一些突然变化，所有的一切一下子提高到远远超出他过去经历的生活状态之中，可以肯定，他最好的朋友的祝贺并不都是真心实意的。一个骤然富贵的人即使具有超乎寻常的美德一般也不会让人感到愉快，而且嫉妒的情感通常也会妨碍我们由衷地替他感到高兴。如果他有判断力，他就能够感受到这一点，不会因为自己交了好运而洋洋自得，而会尽可能地努力掩饰自己的高兴，……然而他很难在所有这些方面取得成功。我们怀疑他的谦恭是否真心实意，他自己对这种拘束也逐渐感到疲惫。因此，不用多久他可能就会忘记所有的老朋友，除了一些最卑鄙的人之外，他们可能会沦落为他的扈从；他也不是总能交到新朋友；正如他的老朋友由于他的地位变得比自己高而感到尊严受到冒犯一样，他的新交发现他同自己地位相等时也会感到自己的尊严受到了冒犯。只有时时刻刻保持谦逊才能补偿对两者造成的伤害。他通常很快就会疲倦，并被前者阴沉的充满疑虑的傲慢神气、后者无礼的轻视所激怒，因此对前者不予理睬，而对后者动辄发怒，最终他变得傲慢，失去所有人的尊敬。如果像我认为的那样，人类幸福的主要源泉来自于感到被爱，那么命运的突然改变就很难对幸福产生多大作用。最幸福的人是逐渐提升到高贵地位的人……"

资料来源：亚当·斯密，《道德情操论》（1759）

如果物质财富和突然的好运不能让人幸福，那么什么能让人幸福呢？根据幸福数据库，最能让人感到幸福的是那些最熟悉不过的事物：好身体、好朋友，以及良好的家庭关系。与父母、孩子和配偶的良好关系是幸福生活的关键。爱一个人、养育一个孩子，这些事情最容易让人感到持久的喜悦。古老的格言再次得到印证。

如果幸福的关键就是得到并保持良好的人际关系，那么缺乏这种关系就会让人感到悲伤。损失钱财会让人伤心，但是失去所爱的人会更让人痛心。如果悲伤与失去有关，那么最痛苦的事就是失去其他的人：孩子离家、朋友背叛、配偶逝世。

在前面几章中，我们了解到愉快和悲伤的情绪是作为驱动力进化而来的，就像躯体内的胡萝卜和大棒。幸福和悲伤的作用也与此类似。自然选择在塑造人的心灵时并没有让它直接去思考怎样最好地传递基因。但是，它给了我们感受幸福的能力，然后将幸福的体验与那些帮助我们传递基因的事情联系在一起。恋爱会让我们感到幸福，其原因是那些喜欢恋爱的祖先比喜欢独处的祖先更容易传递基因。

这个观点成立的前提是：那些让我们高兴的事情也能

IT COULD BE
YOUR WEEK.

IT COULD BE YOU.

图11　英国国家彩票的广告宣称“可能就是你”，它利用的就是人们的幻想——物质财富会带来终身幸福。

帮助我们复制基因。几百万年以来，情况确实是这样的。早在石器时代以前，我们祖先获得幸福的唯一方式就是做一些有助于传递基因的事情，如交朋友和谈恋爱。然而，在过去几千年中，技术的发展使这一切都改变了。在所有的动物物种中，只有人类发明了能够人工制造快乐的方式。这些情绪技术缩短了通向幸福的自然之路。我们不用再花几个月或者几年去寻找爱人了，吸毒就可以让我们在瞬间得到快感。我们不一定要做那些帮助我们传递基因的事情才会快乐。我们的聪明才智似乎已经胜过了自然选择。

把抑郁说出来

我们祖先创造的第一种情绪技术是语言。人们以各种方式通过语言来人为地激发幸福感，这些方式对遗传并没有明显的益处。这里我会提到三种方式：安慰、娱乐和“释放”。前两种使听者受益，后一种使说话人受益。

早在我们的祖先学会交谈之前，他们可能就已经用拥抱和爱抚来互相安慰了，但是语言的出现为他们提供了新的安慰方式，即用言语表示同情或提出建议。通过这种方式，他们发现语言是抗抑郁的良药。这一方法存在了许多年，现在几乎成为了一种本能。当朋友情绪低落时，我们就会自然而然地想通过聊天让他们高兴起来。当我们情绪低落时，也会自然地通过语言来自我调整，对自己说一些鼓励的话。由阿龙·贝克（Aaron Beck）在20世纪60年代创建的认知疗法就是基于这种内心独白的一种心理疗法。认知疗法的创新之处在于它试图将这一过程系统化，但是，通过和自己对话来自我安慰这种做法可能与语言一样古老。

认知治疗师会教给人们如何识别自己的消极思想，并且用更积极的想法来代替它们，从而使人们成为情绪的主人而不是奴隶。这一做法隐含着一个古老的观点，即亚里士多德所说的情绪可以影响思维也可以被思维所影响（下一章会进一步探讨）。通过努力克服消极的思想，鼓励积极的思想，我们可以学到一些控制情绪的方法，从而凭借意志的力量使自己走出忧郁的阴影。但这种方式不是任何时候都行得通。有时我们牢牢地被情绪所控制，无法再有任何其他的想法，这就是为什么认知疗法并非总能奏效。对于稍感沮丧的人来说，建议她换个角度看问题可能会有所帮助，但是对于严重抑郁的人来说，这种建议就显得很轻率。告诉一个有自杀倾向的人要积极地思考并不能让他乐观起来。

认知疗法并不是给一些轻率的建议，而是教给人们识别和消除消极思维的具体方法。加上训练有素的治疗师的辅导，认知疗法可以像“百忧解”等抗抑郁药一样有效。然而，尽管认知疗法宣称拥有种种具体的治疗技术，我仍然怀疑发挥作用的并非治疗师的建议，而是同情的表达。

另一种用语言使人们高兴起来的方法是讲故事和笑话。故事迎合了我们对社会信息的需求。尽管故事是虚构的，但它也能够满足这种演化出来的兴趣。从进化论的观点来看，这是很奇怪的。如果——按照某些人的观点——语言的进化是为了让我们的祖先交换其他社会成员的信息，那么获得这样的信息能否引起满足感应该取决于是否相信其真实性。追求虚假信息并从中获得满足并不能让我们取得进化上的优势，但人们对故事和戏剧的喜爱似乎说明了他们能从这些虚构的信息中获得满足。笑话迎合了人们的幽默感，它给人类进化带来的好处就更加神秘了。杰弗里·米勒（Geoffrey Miller）认为，故事和笑话之所以能让我们高兴是因为它们提供了有用的信息，即讲述者的智慧。当某人讲故事时，他是在吸引人们关注他的创造力。当某人讲笑话时，他是在表现他对这个笑话的理解。因此，讲故事和讲笑话并不是技术而是本能。

第三种与语言有关的情感技术是释放。释放指的是通过倾诉来消除不愉快的情感。安慰和娱乐可能与语言一样古老，但释放则不同，它是一种较新的方式。几千年来，人们可能一直在使用语言来“排解心中的苦闷”，但释放不仅是说出困扰你的想法，而且是要用语言来消除不愉快的情绪。释放这一观点的主要创建人是维也纳的西格蒙德·弗洛伊德（Sigmund Freud, 1859—1939），他认为将消极情绪说出来是消除它们的**唯一**方式。为了理解弗洛伊德是怎样得出这一观点的，我们先来看一看“水力理论”（hydraulic theory），它是弗洛伊德许多观点的基础。

水力学是关于液体在管道中的运行的科学，而情绪的水力理论将情绪看作在脑中循环的精神体液，就像血管中流动的血液一样。当人们告诉你“不要把感情闷在心里”，或者警告说你会被“压爆”时，他们就在无形中认可了这种观点。由于一些液体很容易变成蒸气，“撒气”

等有关气体的比喻姑且也可看作是水力理论的一部分。

情绪的水力理论至少可以回溯到法国哲学家和科学家勒奈·笛卡尔（1596—1650）。笛卡尔将神经看作气压泵，它把“动物精气”由神经末梢传到脑部，然后再输送到各个肌肉部位，这与体液理论非常一致。从希腊时代一直到18世纪，这一理论在西方的医学思想上一直占据着统治地位。根据这一理论，决定健康的最重要的因素是体内的四种“体液”：血液、黏液、黑胆汁和黄胆汁。多数疾病被认为是这些体液的失调或者阻塞引起的，这就是为什么在过去两千年中放血治疗术如此盛行。

随着笛卡尔将水力原理应用于精神领域，体液医学理论的应用范围就不可避免地由身体疾病扩展到了精神疾病。这在本质上与弗洛伊德创建的精神分析法相同。弗洛伊德明确指出，由于人的精神中充满了里比多（libido）这种精神体液，它也应该被“放血”治疗，就像医生对生病的机体进行放血一样。情绪表达是释放精神体液的正常途径，如果情绪表达受到阻碍，精神体液就会寻求其他出口，从而可能导致危险。

弗洛伊德的一番论证告诉我们，自然的情绪表达一旦受阻，后果将非常严重。如果你生气了却没有将怒火发泄出来，怒气不会自行消散。如果这种怒气没有通过自然出口释放出来，例如朝那个惹你生气的人发火，它就会像有毒的体液一样留在体内，直到后来你向那些无辜的人发火。弗洛伊德认为，如果所有这些情绪表达都受到了阻碍，它将寻求其他宣泄方式，甚至是一些有害的方式，如引起身心失调。幸运的是，还有其他“清除毒素”的方式，它们可以让积压已久的情绪得到释放，而不用违反社会规范或让自己生病。

倾诉的作用好比安全阀，它使心理压力得到释放，就像多余的气体得以从阻塞的管道中释放出来一样。这种观点有时被称为情绪的“宣泄理论”。任何能将负面情绪“排出体外”的事都可被称为“宣泄”体验。宣泄（Catharsis）一词源于希腊语，是亚里士多德的《诗学》中的一个关键概念，但那时这个词有着不同的含义，它与情绪的水力理论毫无关系。该词现在的用法源自弗洛伊德，他用“宣泄”一词来描述他所假想的“精神体液”的释放。于是，弗洛伊德无意中使人们误以为情绪的水力理论来自古希腊，这真是大错特错。对于亚里士多德所说的宣泄一词的确切含义现在仍有争议，但可以肯定的是，它与“撒气”无关。哲学家马莎·努斯鲍姆（Martha Nussbaum）认为宣泄是一种高级智力活动，在这一活动中情绪与人类活动的关系通过体验和反思过程逐渐清晰起来。在亚里士多德看来，剧院是进行宣泄的理想去处，也许是因为它可以让我们以托马斯·舍夫（Thomas Scheff）所说的“最佳审美距离”体验情绪。如果我们被一种强烈的情绪直接控制，我们可能无法从这种强烈的情绪体验中学到什么。相反，如果离情绪事件太远，我们就不会有任何感触。戏剧的功能也许就在于它为我们提供了一个情境，使我们能在安全的距离内去体验种种情绪，从而学会今后如何更好地应对。

如果情绪的水力理论不是古希腊时期的观点，与亚里士多德的宣泄理论也无关，那么它是从哪里来的呢？正如前面所说，这一理论的一部分源于疾病的体液理论和笛卡尔的神经好比气压泵的观点。然而，用语言表达情绪的作用与安全阀类似这一观点则是近期才出现的。自从20世纪初弗洛伊德使这一观点得到普及后，它就日渐盛行，时至今日已成为许多西方国家的共同观点。让我们回头看一下梗着脖子、优越感十足的维多利亚人。在维多利亚时代，“情感素养”（emotional literacy）受到高度的重视。不能公开交流情感的人被认为是心理上不成熟的人、是情绪被普遍压抑的旧时代的产物。然而，心理学家逐渐意识到情绪的水力理论过于简单。自然的情感宣泄在某些情况下可能非常有益，但在其他情况下就会带来危害。

最近的证据表明，如果讨论情感的时机不对，也有可能产生危险。该证据与一种叫做“疏泄”（debriefing）的心理疗法有关。在许多西方国家，创伤事件的受害者都会接受疏泄治疗。每当发生重大灾难，如火车出轨或者劫机事件，咨询师就会与紧急救护人员一起飞到现场。在医生完成对身体创伤的治疗后，咨询师会针对其“心理创伤”进行治疗。治疗包括回忆创伤事件以及说出对这些事件的所有感觉。

疏泄疗法与弗洛伊德经典的精神分析法在许多方面差别很大，但它们的基本思想是一致的。与精神分析法一样，疏泄疗法也是基于情绪的水力理论，主张把创伤引起的负面情绪说出来，而不要积在心里，这样负面情绪就会烟消云散，不会留下任何伤害。如果情绪的水力理论成立，那么在创伤事件后立即接受疏泄治疗的人应该比没有得到治疗的人的长期症状要少。然而，根据心理学家乔·里克（Jo Rick）的研究，情况正好相反：疏泄实际上会使情况恶化。在对交通事故受害者的一项研究中，乔·里克发现接受过疏泄治疗的人比没有接受过的人在事故发生一年后表现出更多的闪回和恐惧。

随着近几十年来脑研究的发展，我们现在明白了为什么说出创伤记忆会使情况恶化。不愉快的记忆不同于未经处理的伤口，如果你不予理睬，它们并不会像弗洛伊德所认为的那样溃烂下去。它们会消失，这是一种“消退”过程。相反，如果最初的经历被复述，负责记忆编码的神经通路就会不断被激活，从而阻止消退。谈论旧的记忆并不能使它们消失，反而会让它们更活跃。早在神经科学研究发现消退过程之前，亚当·斯密就认识到了这一点。在《道德情操论》一书中，他说，“在谈到他们的不幸时”，那些寻求同情的人“激活了对痛苦情景的回忆。于是眼泪比以前流得更快，自己陷入了痛苦的无助之中。”

进化论也对情绪的水力理论提出了一些严肃的质疑。水力模型将情绪视作不惜一切寻求宣泄的力量。就像河水既可以通过正常河道也可以通过分流注入海洋一样，情绪压力也可以通过不同的方式得到很好的“释放”，不论是交谈和写作，还是神经症状与艺术创造。从进化论的角度来看，这似乎是一种很奇特的精神设计。为什么自然选择会创造出这样一种变幻莫测的心理能量？头脑的进化使我们能够解决很多具体问题，这些问题对于生存和繁衍都是至关重要的。特定的行为模式——比如逃跑——在某些情况下——例如在捕食者靠近时——会有正面效果，而在另外一些情况下则危害极大，如离开一个可能成为自己配偶的人。如果不同情绪的进化是为了激发不同的行动，我们就很难理解为什么它们在得不到宣泄时会像废品一样“堆积”，更不要说为什么毫不相关的行为可以使它们得到“释放”了。

看来语言并不是通向幸福的最有效的捷径。虽然一些仔细斟酌过的话有时会带来安慰，一个有趣的笑话可以引起阵阵笑声，但它们并不能治疗严重的抑郁。正如我们刚刚谈到的，把不快说出来未必是舒缓情绪的最佳方法。因此，人类一直在寻求除语言之外的情绪技术，它们会成为更快、更安全的通往幸福的捷径。

感官愉悦

颜色的运用就是这样一种技术。几千年来，人类用极其鲜亮的颜色装扮自己的身体和周围环境，就像巧克力能够刺激味蕾一样，这些颜色刺激着我们的视觉系统。自从第一种人造染料——譬如大约十万年前我们的祖先用来描画身体的红赭石——被发现之后，人类就开始利用鲜亮的颜色来达到影响情绪的目的。

颜色通常不会直接影响情绪。对于有自闭症等精神障碍的人来说，光是看到一种颜色就可能引起一阵心慌，但对于多数正常人来说，颜色是通过影响心情来间接影响情绪的。呆在红色的房间里并不会让人生气，但可能会使人处于一种易被激怒的状态，导致人们很容易发火。为了拍摄一些情节紧张的镜头，意大利电影导演米凯兰杰洛·安托尼奥尼（Michelangelo Antonioni）曾经将餐厅漆成红色，以使演员进入状态。几周后，他注意到使用那个餐厅的其他工作人员变得更有攻击性，有几次甚至打了起来。

心理学家尼古拉斯·汉弗莱（Nicholas Humphrey）所做的一些实验为颜色对情绪的影响提供了部分强有力的科

学依据。他将猴子关在特制的笼子里，这个笼子有两个小间，中间由一条隧道接通。当一个小间亮蓝灯，另一个小间亮红灯时，猴子们都喜欢呆在亮蓝灯的地方。它们也会出于好奇跑到红色的小间里去，但很快就会跑回来并一直待在亮蓝灯的小间里。如果两个小间都是红色的，这些猴子就会在这两处来回跑，哪个地方都呆不下去。红色使猴子们紧张易怒，而蓝色会使它们处于放松状态。

红色和蓝色对人类的情绪也会产生类似的影响。当处于红色光线下时，人们会出现血压升高，呼吸加速，心跳加快等反应。而蓝色光线的作用刚好相反。在红色的房间里，人们主观上感觉更温暖，但也更易紧张、更易产生攻击性。这些反应不只是文化的产物，两个月的婴儿在蓝色光线下比在红色光线下更容易安静下来，这表明人们对某些颜色的情绪反应是先天的。但是自然选择为什么将我们的头脑设计成这样？对某些鲜艳颜色的喜爱或对其他颜色的厌恶对于祖先的生存有什么帮助？红色具有温暖效应是不是因为我们祖先拥有的两种热量来源——阳光和火——都是这个颜色呢？红色光线会引起焦虑又是怎么回事？是因为它与血的颜色相同吗？

不管我们对颜色先天的偏爱是出于什么原因，自然通常不会只呈现出一大片单色。美丽的落日有时会将整个天空染成一片粉色或紫色，但是自然的美通常是由许多不同的颜色组成的。孔雀的尾巴和美丽的风景在观赏者面前展现出的是不同层次的色彩，而不是像安托尼奥的红色餐厅那样的一大片单色。油漆和光线就是自然色中的一种，它们通过占满人的整个视野来增强颜色的自然影响。用生物学的术语来说，人工颜色是“超刺激”。它们对于颜色的选择与自然是一致的，只不过更加浓墨重彩一些，从而达到它们的效果。正如画家弗朗索瓦·布歇（François Boucher）所说，与洛可可艺术霓虹般的光彩相比，自然显得“太绿而且亮度不够”。

然而，一整片单色不一定比马赛克式的图案更有感染力。马赛克图案虽然简洁不足，但极具设计感。与单色对人的情绪影响相比，它的感染力更加因人而异，因此同一张画可能使一个人产生很大的反应，而另一个人则无动于衷。然而，人们的审美倾向还是有一些明显的规律的。当人们在一些抽象画中进行选择时，多数人的喜好是相同的。另外，人们通常更喜欢著名画家的原作，而不是由电脑随意修改过的版本。原作中一定体现了某些特点，而这些特点正好符合人类视觉系统固有的偏好。目前，科学家不知道这些特点是什么，但是那些颇受欢迎的画家一定对这些特点有一些直觉感受。正如风景画家约翰·康斯太布尔（John Constable）所说，绘画是一种科学，画作就是实验。抽象画和具象画都需要画家有足够的技巧，至少要知道哪些实验能够成功哪些不能。

正如不同颜色可以构成一幅美丽的画面一样，不同频率的声音也可以谱出一支动听的旋律。与视觉艺术一样，音乐也是一种纯粹生产快乐的技术，它可以直接触动我们的感官。用史蒂文·平克的话说，音乐是一块“满足听觉的奶酪蛋糕”；对于莎士比亚来说，音乐还是爱情的养料，这说明音乐可以引起除幸福之外的情感。

与视觉艺术一样，音乐通过改变心情来间接影响情绪。虽然针对哪些音乐会使人们处于什么心情的科学研究很少，但如今，多数人能体会到从邻居的房间或者路人的随身听里传出的吵闹、单调的音乐会让人易怒。听到这样的音乐通常并不会立即让你愤怒，而是让你的心情慢慢变坏，使你更容易被激怒。同样，超市里播放的轻音乐也不会直接让我们感到高兴，否则就背离了他们的目标，因为超市老板并不希望音乐就能让你感到满足。他们的目的是通过音乐让你放松心情，从而使你更易被某些想法所引发的幸福感而打动，例如买一块昂贵的巧克力蛋糕所带来的快乐。

在这一领域为数不多的科学研究中有一个很有意思的发现，即莫扎特的许多曲子——如《G大调弦乐小夜曲》（Eine kleine Nachtmusik）——都能让听者感到心情愉悦，即使那些并不喜欢古典音乐的人也是如此，这说明好的作曲家能够触及人们共同的音乐偏好，就像好的画家能够触及人们共同的视觉偏好一样。近来的神经科学研究为这一观点提供了佐证。研究发现，当一个人听古典音乐时，大脑不同区域的神经元比听相同音符随意组合出来的声音时跳动得更协调。音乐的这一益处仍然是个谜。人类与其他灵长类动物一样，视觉系统高度发达，其次就是听觉系统。其他感官系统则相对简单，或者是我们对其复杂性缺乏了解。因此，我们自然会最推崇满足视觉和听觉的情绪技术，而满足其他感官的技术就没那么受关注了。尽管如此，嗅觉、味觉、触觉等感官并未被忽视。虽然香薰治疗

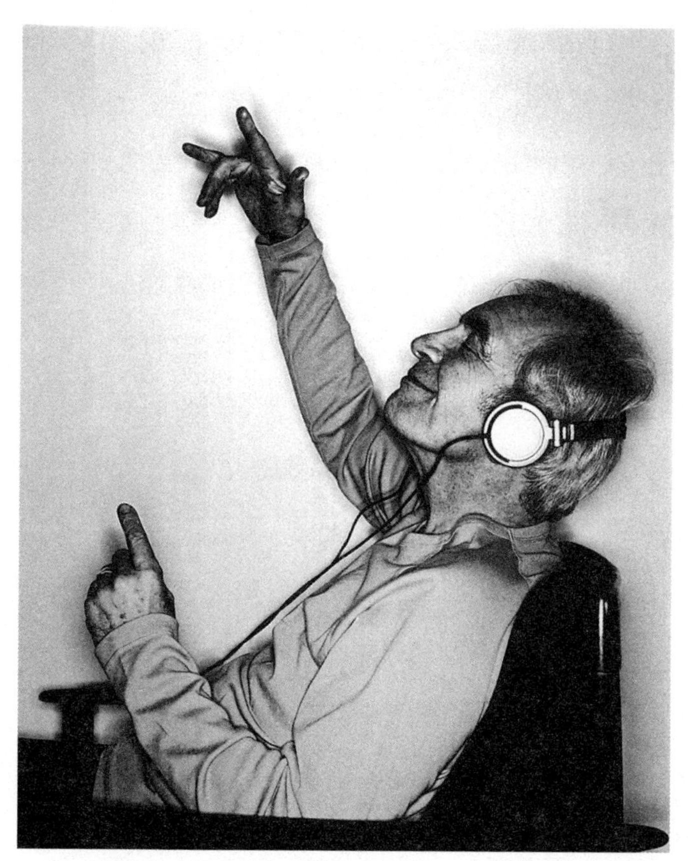

图12 音乐是我们创造的最有效的情绪技术之一。

师对不同气味的影响进行过一些有趣的分类，但人们对不同气味对情绪的影响仍然知之甚少。气味对情绪的影响是香水工业的基础，从佛教到基督教，许多宗教信徒都会通过熏香使自己进入冥想状态。

人们对触摸对情绪的影响了解较多。被另一个人抚摸可以使大脑释放出让人放松的天然镇静剂。这一现象可能源于灵长类动物时期，即大约500万年前人类和大猩猩拥有共同祖先的那个时期。同现在的猩猩一样，灵长类动物经常会梳理毛发，每天花很多时间互相清除对方身上的虱子。互相梳理毛发不只是为了清除对方身上的寄生虫，也是可靠的表达友谊的信号。对这种友谊信号的偏爱促使满身毛发的祖先去寻找朋友。不喜欢别人为自己梳理毛发的个体会发现自己在打斗时没有同盟。

就像我们演化而来的视觉喜好是视觉艺术的基础一样，我们的触觉喜好是按摩术的基础。与美术和音乐一样，按摩是一种古老的技术。古埃及人会通过按摩进行治疗，希波克拉底（Hippocrates）建议医生“在各方面都要有经验，尤其是一定要有按摩的经验”。在过去的几十年里，按摩一直是替代治疗法的核心之一，在今天，它的治疗价值又在传统医学中得到了体现。

味觉上的情绪技术当然是烹饪。烹饪对自然味道的加工就像绘画对自然色彩和音乐对自然声音的加工一样，它用各种方式加工自然食品，并根据一些经典的食谱将它们组合起来。烹饪将自然食品加工得更加诱人，刺激着我们的味蕾。如果草莓的美味在于甜，厨师可以做出草莓冰激凌等更甜的东西，比草莓更好吃。然而，由于我们没有沿着自然选择所安排的曲折道路去寻找幸福，而是大胆地走了捷径，我们也因此遭到了报复。自然选择为我们提供了一种廉价而又简便的方法来吸收糖分，那就是吃甜食，但这也会导致我们摄取过多的糖分。在石器时代并不存在这种危险，因为只有水果中才有糖分，而且是经过稀释的。然而在今天，糖分来自浓缩而成的块状糖果，嗜食甜食会对健康造成严重的威胁。肥胖症现在成为了许多富裕国家的流行病，其主要原因在于烹饪这一新奇的技术刚好满足了人们对糖分和脂肪的大量需求。

通过刺激味蕾或者在消化过程产生其他化学反应，味觉技术也可以使人产生愉快的心情。巧克力可以很有效地改善情绪，多数含糖的食物和饮料也是如此。然而，研究表明，虽然多数人在吃过巧克力后会感到心情愉快、精力充沛，但这种影响很快就会消失，1小时过后，人们的感觉往往比吃巧克力之前还要差。茶和咖啡也是这样，它们有短期的兴奋作用，然后这种作用会慢慢减弱。多数药品

图13　几千年前人类就了解到嗅觉对情绪会有影响。这是公元前400年左右的一幅埃及石刻，图中的女祭司伊哈特在嗅荷花香。

的效果也是一样。事实上，食品和药品[1]（drug）的区分是任意的，时至今日，仍然没有科学根据来区分药品和我们所摄入的其他物质。如果我们摄取某种东西主要是为了作用于精神，而不是满足营养或味觉上的需求，我们往往就会称其为药品，但是多数食品和饮料都对精神状态有一定

1　本书中的药品一词着重强调作用于精神的药品，包括毒品在内。——译注

影响。例如，农家鲜干酪和鸡肝都富含色氨酸，它能使大脑分泌出一种叫做血清素的化学物质，这种化学物质能够让人心情愉快。我的一位兽医朋友曾经给他的狗吃了一周的农家鲜干酪和鸡肝，结果这条狗看上去比平常更兴奋。因此，我们应该将药品看作食物连续体上的一端，而不是单独的一类物质。

通向快乐的化学途径

药物可能是通向快乐的最快捷的途径。对于那些有严重抑郁症的人来说，通向快乐的唯一途径也许就是化学途径。即使这样，许多人还是不愿意让医生给他们开抗抑郁药，尽管没有其他办法能让他们有所好转。这些人可以心安理得地喝酒、吸烟、甚至为了消遣而吸食可卡因，但是一旦要用调节情绪的药物来达到治疗目的时，他们就有一种奇特的厌恶感。他们认为抑郁是必须自己去克服的事情，用药物来治疗抑郁会暴露出精神上的懦弱。精神科医生杰拉尔德·克勒曼（Gerald Klerman）创造的“药物卡尔文主义”一词指的就是这种对抗抑郁药物的奇特态度。

无论改变情绪的药物是用于治疗——如给抑郁症患者开百忧解，还是用于娱乐——如在聚会上服用迷幻药，其化学作用都是相似的。百忧解和迷幻药都能提升血清素的水平。这使得一些人提出血清素是情绪的化学基础。根据这一理论，当脑中的血清素水平高时，我们就会情绪高涨，当血清素水平下降时，情绪就会低落。然而，这一简单的假设并非与所有的证据都吻合。尽管有观点认为有自杀倾向者的脑中没有血清素，但并不是所有抑郁症患者的血清素水平都不正常。另外，百忧解等抗抑郁药物就像迷幻药等娱乐性药物一样，它可以在一两个小时内迅速提升大脑中的血清素水平，但它的抗抑郁效果并没有迷幻药的兴奋效果来得快。多数抑郁症患者需要连续两到三周每天服用百忧解才能感到症状有所减轻，而迷幻药只要服用一次，45分钟之内就能见效。因此，情绪不只是大脑中的血清素水平的问题。由于血清素的简单假设非常适合产品营销，各医药公司都纷纷借题发挥。事实上，我们现在仍然不太了解情绪的化学构成或抗抑郁药的作用原理。

除血清素之外，其他的脑化学物质——如多巴胺和去甲肾上腺素——也对情绪有重要的影响。因此，影响这些化学物质的药物也可以用来改变人的心情。可卡因和安非他明可以提高多巴胺和去甲肾上腺素的水平，因此这些药品会让人产生兴奋感。其他药物，如氯丙嗪，虽然也可以像可卡因和安非他明一样快速提高这些化学物质的水平，但并不能同样迅速地产生兴奋感。因此，情绪的神经基础一定更复杂，远不只是有多少多巴胺和去甲肾上腺素的问题。

与巧克力、茶和糖一样，多数娱乐性药品的对情绪的改善作用只是暂时的，当人们从这种快感中清醒过来后，取而代之的是一种极度的痛苦。你也可以在第一次快感消失前再用一剂药，但是，快感维持的时间越长，清醒之后就越痛苦。为了无限制地推迟这种快感的消失，有些人成为了瘾君子，持续服药以维持永久性的快感。这样，服药就成为了生活中唯一有价值的活动，因为其他事情都不重要了。詹姆斯·奥尔兹（James Olds）曾做过一个实验，他把一只老鼠放在笼子里，笼中有一个与导线相连的杠杆，而老鼠脑中的奖赏中枢被植入了一个电极，每当老鼠按压杠杆时，导线就会向电极通电，受到电极刺激的鼠脑就会分泌出一阵多巴胺，就像人类吸入了一撮可卡因一样。不用多久，老鼠就开始不停地反复按压杠杆，无视周围的一切，甚至食物，完全就像一个吸毒成瘾的人。

当成瘾者的身体和脑适应了药物之后，他们就需要更大剂量才能获得同样的快感。大剂量药物进入体内带来的长期影响会严重危害身体的各个器官。长期有规律的吸食可卡因往往会导致鼻窦炎、流鼻血、鼻隔膜穿孔，最终导致心力衰竭、中风和精神病。酒精是最容易上瘾的物质之一，它几乎影响到所有的器官，因此酒精上瘾者得肝硬化、胃癌、心脏疾病和健忘症的概率更高。而香烟中的其他物质——如焦油、二氧化氮等——对身体的危害比尼古丁还要大，它们能够诱发心脏疾病和肺癌。滥用迷幻药的长期影响还是未知的，但是它可能增加患抑郁症和老年痴呆症的危险。

通过控制自己的习惯，多数药物使用者可以避免这些危险。正如多数饮酒者不会成为嗜酒者一样，许多使用大麻、迷幻药和可卡因的人也没有成为瘾君子。任何成瘾物，无论是香烟和茶，还是可卡因和海洛因，只要适当注意就可以正确使用。在19世纪晚期，许多有地位的人都在服用可卡因，特别是那些含杂质的，原先的可口可乐中就含有这种成分。维多利亚时代的男子常常在伦敦各地的聚会场所中吸食鸦片。夏洛克·福尔摩斯也注射吗啡。人们今天对这些成瘾物的过度紧张主要是由于当前的监管部门造成的。

任何药物都有副作用。即使是最新的策划药（designer drugs）也有除治疗以外的其他作用。百忧解在减轻抑郁的同时会增加焦虑，至少在前几个星期的治疗中是这样。服用百忧解还会使人难以达到性高潮（尽管这未必是件坏事）。其他轻微的副作用包括：情感上的麻木和疏远，对他人情感需求的敏感度降低。因此，作为通向快乐的捷径，精神药物是把双刃剑，如果我们能负责任地恰当使用，它们就会为生活增添光彩。但是，对那些毫不警惕的人来说，就会有上瘾（甚至是被捕）的危险。

与语言、色彩、音乐一样，药物是一种古老的情绪技术。酒精是最近5,000到6,000年前才发明出来的，而考古证据表明，早在这之前人类就开始使用其他精神药物了。这些物质的使用最初与宗教典礼和其他仪式有关，而不是像今天这样用于享乐。1,000年以前，印加人限制古柯叶的使用，只有皇族和牧师才能使用这些可以提炼出可卡因的叶子。

无论一个人使用药物是为了享乐还是为了作用于精神，药物对情绪的影响基本上是稳定的。神圣的种子可以让穴居人得到快感。如果这些物质对于情绪没有影响，将它们用于宗教就毫无意义了，因为情绪是宗教体验不可分割的一部分。宗教体验所激活的大脑区域与迷幻药所激活的区域是一样的。与冥想和祈祷相比，通过服用药物来进入状态不一定就是不够虔诚。反过来，不信教的人也可以通过冥想等“宗教”行为来达到稳定情绪的目的。

情绪的身体技术

冥想可能是调节情绪的最安全的技术之一。东方的冥想形式包括长时间的静坐、排除杂念以及均匀呼吸，这在许多方面与西方新近发明的一些放松方法类似。今天这些新奇的疗法和几千年前就已存在的方法在本质上是相同的，只是穿上了一层科学的外衣。

冥想和放松通过身体反馈来达到平静心情的目的。均匀的呼吸和肌肉的放松有助于使思想处于宁静状态。不同的躯体动作或姿势可以引发不同的情绪。跑步可以让人处于兴奋的精神状态，作出某种面部表情可以让你感受到那种表情所表达的情绪。所有这些通过身体动作引发某种情绪的方法都可以被称作情绪的身体技术。

正如威廉·詹姆斯（William James）在1882年所指出的，情绪的身体技术对我们通常所认为的情绪工作原理提出了质疑。按常理来说，情绪产生于身体动作之前，是身体动作的起因。出汗或者微笑等身体活动是情绪的表达，而不是它的原因。例如，我们看见一只熊时会马上跑开，这是因为看见熊而产生的害怕情绪会促使我们跑开。然而，当我们用冥想来获得宁静时，或通过跑步来让自己感到高兴时，情况则刚好相反。在这种情况下，我们不是通过身体动作来引发某种情绪，而不是通过情绪来改变身体动作。

詹姆斯指出，身心之间的关系并非只有一种。通过某种反馈机制，身心之间可以相互影响。这种影响通过反馈而得到增强。詹姆斯将身体描述为精神的“音箱”，就像吉他的音箱可以放大弦音一样，身体动作也会强化某种情绪，这就是为什么我们可以“努力改善自己的情绪”。詹姆斯以他独有的文采对此进行了描述：

逃跳会让人更加惊恐，陷入悲伤会让人更痛苦。每一声哭泣都会使悲伤更加强烈，使下一声哭泣更加悲痛，直到筋疲力尽的机体最终平静下来。

而情绪的身体技术表明：我们可以通过主动控制身体变化来对情绪加以控制。如果哭泣使悲伤更加强烈，那么忍住眼泪应该会让我们平静下来。詹姆斯这样写道：

> 如果我们希望控制自己不愿有的心情，我们必须狠下心来，努力用身体动作来表现出我们所希望拥有的那种情绪……抚平眉毛，睁大眼睛，收紧背部而不是腹部，提高音调，由衷地赞美他人，如果你的心还有被融化，那它就真是铁石心肠了！

有证据表明这种方法是有用的。我在第一章中曾提到研究面部表情的人类学家保罗·埃克曼，他在开发一种面部肌肉动作测量术时就遇到了这种情绪的身体技术。埃克曼和他的同事华莱士·弗里森发现，当他们作出某种面部表情时，他们能强烈地体会到这种表情背后的情绪。在后续实验中，他们一步步地教被试作出几种基本面部表情，而被试并不知道这些动作最后会形成何种表情。当他们问被试是否体会到某种感情时，这些人的回答与该表情所表现的情绪完全一致。

当然，这也是有限制的。强迫自己微笑并不能让自己更快乐——尽管有些自助书籍会建议你这样做——这是因为情绪表达牵动的许多肌肉运动都无法自主控制。例如，当你自发地微笑时，眼睛周围的视轮匝肌（*orbicularis oculi*）会收缩，两颊会向上提升，使皮肤向鼻子处皱起。由于这一肌肉不容易被自主控制，因此我们很容易区分真心的微笑和假笑。仅是嘴角上扬并不是一个完整的快乐表情，因此这样做也不会让人产生快乐的感觉。

然而，可以自主控制的肌肉和无法自主控制的肌肉之间并没有严格的区分。通过瑜伽或者生物反馈技术，人们可以有意识地控制那些不受意志支配的功能。如果我们能加强对身体的自主控制，情绪的身体技术不仅会比前面提到的其他技术更安全，也会更有效。

许多情绪的身体技术不仅能暂时改善心情，从长远来看，它还会使我们的人生观更积极。出去跑一圈可能会带来短暂的愉悦感，但是每天跑步就会提升整体的健康水

图14 锐舞派对：它们是通向快乐的终极捷径吗？

平，这种健康水平能有效地反映出人们对生活的总体满意度。运动为人们提供了各种影响情绪的身体技术，舞蹈也是如此，它能改善人的情绪。毒品则不同，它虽然能带来短暂的快乐，却牺牲了长久的幸福，而情绪的身体技术无论从短期和长期上来说都是有益的。

运动和舞蹈不仅能让参与者更快乐，如果舞姿优雅，技巧娴熟，旁观者也会更快乐。原因很简单：我们的一些祖先更愿意和行动矫捷的人交往或做爱，因为与石器时代的那些“沙发土豆”们相比，行动矫捷的人更有可能养育出健康的后代。观赏性运动和表演艺术就利用了这种对技巧和灵活性的先天喜好，正如绘画利用的是我们对某种色彩和形式的偏好一样。

在选择通向快乐的捷径时，我们并非只能选择一种情绪技术，而是可以根据自己的爱好和价值观进行筛选并予以结合。浪漫派艺术家就非常推崇不同艺术形式的混合，并且创造出“通感”一词来形容这种混合。歌剧就是一个典型的例子，它把戏剧、诗歌、音乐、歌曲、舞蹈、绘画结合起来，打造出一场感官上的盛宴。电影、音乐剧、电子游戏都是更为现代的通感组合。然而，对感官最强烈的刺激形式则非锐舞莫属。

在锐舞派对上，情绪技术的全部领域——语言、感觉、化学、身体——结合起来产生一种极端强烈的愉悦感。旋转的彩灯刺激着人们的视觉，强烈的节奏冲击着心脏，迷幻药使大脑冒出大量血清素，提神饮料中的咖啡因使人情绪高涨，狂野的舞蹈让人精神恍惚。如果某人的旅行不愉快，温柔的言语可以让他平静下来。如果肌肉酸痛，替代治疗师的按摩可以缓解这一症状，这些治疗师有时也会出现在一些更注重精神的锐舞派对上。这也再次证明了情绪技术的结合并不是新事物。人类自出现以来就经常聚在一起跳舞和服用药物。派对可以称得上是通向快乐的终极捷径。

第四章

头脑和心灵

基本情绪不会一直持续下去，多数——如果不是全部——高级认知情绪也是很短暂的状态。在绝大多数时间内，我们不会被恐惧所控制，也不会沉迷于爱。在这种中间状态下，我们通常可以进行逻辑的思维。由于头脑清醒，我们很容易就能看出蹩脚的论据。然而，当我们的情绪变得汹涌澎湃，或者完全沉浸在某种心情中时，情形就完全不同了。此时头脑就成为了心灵的奴隶。

长久以来，情绪对认知能力的影响一直是人们关注的焦点。亚里士多德在他的修辞学著作中指出："情感会促使我们发生变化，并且能够改变我们的判断"。近年来，越来越多的实验研究帮助我们确认了这些影响的本质。本章讨论了与注意力、记忆力和逻辑推理能力这三种认知能力有关的一些研究。

精神聚光灯

心理学家把能够集中在某一思想或行动上的能力称为注意力。它就像是头脑中的聚光灯，指向不同的精神活动。即使我们的脑中有数百件事情，我们也可以使聚光灯在同一时间内只集中在几件事情上。当我们完全沉浸于某件事中时——如一个字谜或者一道难题——我们就不会想其他事情。如果我们突然被一个大的声音所惊扰，恐惧就会使聚光灯转向新的事件上。

聚光灯的聚光程度可高可低。当程度最高时，很强的光就会射在很小的区域上。当不聚光时，它可以照射很大一片区域，但是光线较弱。注意力也是一样。当我们处于放松状态且不受任何情绪制约时，注意力就不会太集中，更多的思想就会跳入我们的意识。然而，当某种情绪出现时，注意力就会突然集中在某个小的念头上，将其他想法排除在外。这种念头能够反映出引起该情绪的外界事物。例如，当我们害怕时，注意力就会集中在让我们害怕的事情上；当我们愤怒时，注意力就会集中在惹恼我们的事情上。爱使我们除了爱人以外无暇顾及其他。我们常埋怨情绪会让人分心，因此，情绪有助于人们集中注意力这种说法听起来就很奇怪。事实上，这并不矛盾；我们从一个念头上分心就是为了把注意力放在另一个念头上。

注意力也会受到心情的影响。我们讲到过，心情与情绪是不一样的。心情持续的时间更长，它通过调节人们对情绪刺激的感受性来影响情绪。然而，与情绪一样，心情也能迫使人们集中注意力，尽管不如情绪的作用明显（快乐的情绪可能是一个例外，它能够扩大人们的关注范围，使人们的注意力不那么集中）。处于焦虑状态的人常常会为自己的安全而忧心忡忡，但是与处于恐惧状态的人相比，他们还能够想一些其他的事情。

与情绪一样，心情使我们把注意力集中在引起这种心情的事情上。当处于易怒状态时，我们可能会为最近的那些烦心事而闷闷不乐。然而，有时一种心情可能会使我们对任何事情都无法集中注意力。我们会莫名其妙地感到焦虑。这种"飘忽不定的"焦虑也会影响到注意力。它会清除我们头脑中的一切想法，使我们关注周围的世界。如果我们深夜走在一条黑暗的小路上，焦虑的心情会使我们对周围的任何动静都保持警惕。

在这种情况下，焦虑显然是有益的。心情焦虑的人会对可能的威胁保持警惕，因此他们会对潜在的危险作出更迅速的反应。当然，这些威胁不一定是身体上的。任何妨碍你实现目标的事情都可以看作是威胁。如果你的目标是在好朋友的婚礼上作一番精彩的发言，你最大的威胁可能就是紧张时会口吃的毛病。因此，焦虑的心情会让你对讲话中最细微的停顿都十分警惕。一旦发现了这样的停顿，你就会更加焦虑，你会发现自己紧张不安，说话也结结巴巴。在这种情况下，焦虑就会起到反作用。

心理学家用一种名为“斯特鲁普情绪测验”的实验考察了焦虑对注意力的影响。最初的斯特鲁普测验与情绪无关，它的实验方法是给人们看不同颜色的墨水印出的字，并让人们说出墨水的颜色，然后统计出字出现在屏幕上的时间与个体给出正确答案时的时间差。这个实验的秘密就在于：有些字就是颜色的名字，而有时候字的墨水颜色与该字所代表的颜色不一致。出现这种情况时，人们就会感到困惑，反应时间也会比较长。当墨水的颜色与字所代表的颜色一样时——例如用红墨水印出“红”字，人们说出墨水颜色所花的时间更短。

斯特鲁普情绪测验使用的词不是颜色的名字，而是有强烈感情色彩的词。与原来的斯特鲁普测验一样，这些词也是用不同颜色的墨水印出的，实验对象的任务就是说出墨水的颜色。与那些中性词相比，当个体看到有强烈感情色彩的词时，他们反应的时间更长。当然，不同的词的感情色彩也因人而异。和强奸相关的词对于强奸受害者来说感情色彩就更浓一些。这一点在斯特鲁普情绪测验中有所表现。一项研究发现，当强奸受害者看到与强奸有关的词时，他们说出词汇颜色的时间比其他人要长。这表明：人们在看到与创伤体验有关的词时会产生焦虑感，这种焦虑使人们把注意力集中在词的意义上，从而忽略了附带的细节，如这个词的颜色。

情绪和记忆

除了影响注意力以外，情绪和心情对记忆也起着重要作用。与注意力一样，记忆也具有高度选择性。我们只能记住自己所经历的一小部分事情。由于记忆空间是有限的，因此我们需要节省空间，只储存少量的记忆，并且在适当的时候尽快忘记，否则生活就会异常痛苦。阿根廷作家豪尔赫·路易斯·博尔赫斯（Jorge Luis Borges）在《博闻强记的富内斯》这个故事中就清楚地表明了这一点。在这个故事中，一个名叫伊雷内奥的男孩坠马后不幸瘫痪，他的大脑也由此发生了奇怪的变化：他的记忆变得准确无误。从那时起，他能清楚地记住每一个景象和声音。不用说，这使他的生活很痛苦（见下框）。

博闻强记的富内斯

他记得1882年4月30日黎明时分南面朝霞的形状，并且在记忆中与只看过一次的皮面精装书的纹理比较，与克夫拉乔暴乱前夕船桨在内格罗河激起的涟漪比较。这些并不是单纯的回忆，每一个视觉形象都与肌肉、冷暖等等的感觉相连。他能够再现所有的梦境。他曾两三次再现一整天的情况，从不含糊，但每次都需要一整天的时间。他对我说："我一个人的回忆抵得上开天辟地以来所有人的回忆的总和。"……

然而，我认为他思维的能力并不强。思维是忘记差异，是归纳，是抽象化。在富内斯的头脑中，有的只是触手可及的细节。

记忆并不是按照事情的细枝末节来储存的，而是根据几个关键词来分类保存。当我们要回忆什么事情时，就会提取几个关键词，然后根据经验来猜测，从而填补空缺。因此，回忆永远不会是精确的。回忆的过程更像是由几块碎片重新拼起一个古董罐子，而不是重放一部老电影。有时我们的回忆非常鲜活，让我们感觉像是在重新经历那一事件，但这只是一种幻觉，是我们在想象中进行重构的结果。当我们对同时、同地、经历相同事件的人的回忆进行比较时，我们会发现他们的叙述有很大差别，但每个人的叙述对于本人来说都非常生动而真实。

在加布里埃尔·加西亚·马尔克斯（Gabriel García Márquez）的《预知死亡纪事》中，一个男子回到了几年前曾发生过凶杀案的村子。在和村民交谈时，他发现每个人都或多或少地记得这次凶杀案。然而，他们的记忆各不相同。村民们用不同的关键词将那个事件储存在记忆里，在回忆时运用自己独特的想象力来填补空白。很显然，被害者的亲友与他的那些泛泛之交以及死对头们对凶杀案的回忆是不同的。这说明情绪在记忆中起了重要作用，它既影响到事件的存储方式，也影响到回忆时对事件的重构。

事件发生时的情绪和回忆时的心情都会影响到回忆的

难度和准确性。弗洛伊德认为，人们会“抑制”一些不愉快的记忆，因此这些记忆很难再重现，但事实上刚好相反。创伤性的记忆并不像弗洛伊德所认为的那样会退回到大脑中的某个角落。相反，它们会执意闯入我们的意识，在我们想要忘掉时困扰我们，甚至在梦中惊扰我们。这种情况严重时就会出现“创伤后应激障碍”，这一症状的特点是鲜明的闪回，使个体重新经历那些痛苦的细节。

情绪会使人们对事件的记忆更深刻。任何产生强烈情绪的事件，不管是消极情绪还是积极情绪，都比中性的事件回忆起来更容易、更准确。在一项研究中，三组学生观看了一组15张的幻灯片，每张幻灯片都是你在走路上班时可能看到的情景。每组学生看到的都是同样的幻灯片，只有第8张不同，这一张有三个不同的版本（见图15）。

一个版本是一位女士正在骑自行车。另一个版本则是这位女士将自行车扛在肩上。在第三个版本中，这位女士躺在路边，自行车倒在一旁，像是被汽车撞倒了。在让学生回忆这些情景时，看到女士躺在地上的那一组比其他组更清楚地记住了这位女性的外衣颜色，但他们对其他细节的记忆则不太清晰，如远处汽车的颜色。这表明与中性事件相比，人们对情绪事件的核心特征记得更清楚，而那些次要的特征很快从记忆中消失。

回忆的难度和准确性还受到回忆时的心境的影响。心理学家戈登·鲍尔（Gordon Bower）所做的很多实验表明，在我们心情好时，回忆愉快事件比回忆不愉快的事件更容易、更准确。心情不好时则刚好相反。这一现象称为“心境一致性记忆”。在实验中，鲍尔让人们任意回忆并描述童年时发生的事件。第二天，当这些人处于中性心情时，鲍尔让他们将这些事件分为愉快的、不愉快的、或者中性的。第三天，他用催眠术使每一个人出现高兴或者悲伤的心情，然后让他们回忆尽量多的事件。鲍尔发现心情高兴的人回忆了许多愉快事件，只有极个别的不愉快事件；而心情悲伤的人则记起了更多不愉快的事件。

我们也许可以这样解释心境一致性记忆现象：当事件储存在记忆中时，它们被贴上了情绪的标签，以此来表示经历这一事件时的情绪。当我们从记忆中提取这些事件时，与当前心情一致的标签就会更突出。基思·奥特丽（Keith Oatley）和珍妮弗·詹金斯（Jennifer Jenkins）认为，回忆起与当前心情一致的事件有助于我们更从容地应

图15 上一页介绍的实验中的第8张幻灯片，它有三个版本。

对当前的情景。

对人和观点进行评判

情绪和心情不仅会影响注意力和记忆力，它们对决策和判断也会产生很大影响。例如，我们对一个人的评判通常和遇见这个人时的心情有关。心情好的人对同一个人的判断可能比心情差的人更正面一些。在一个实验中，实验者通过告诉一些学生他们在模拟考试中的成绩好坏来人为地引起积极或消极的情绪，然后让他们用事先准备好的一些问题——如“你最重要的特质是什么”——去面试别人。而这些学生并不知道被面试者也是实验人员，这些人的回答都是一样的，而且故意回答得很模糊，既表现出自己积极的一面（“我很友好”），也表现出了消极的一面（“我很固执而且没有耐心”）。然后，面试官要从个人和专业背景上评价应聘者。结果显示，虽然得到的回答是一样的，但心情好的面试官对应聘者的评价更积极，他们更有可能雇用应聘者。

不只是快乐和悲伤的心情会影响我们对他人的判断，

焦虑也会影响我们对他人的态度，但它的影响方式却很奇特。焦虑的心情不仅不会让我们对陌生人有消极的看法，反而会让我们对陌生人感到更亲近。20世纪70年代的一个著名实验就得出了这个结论。实验如下：几名男子在穿过一座很高、很危险的吊桥时被一位年轻女性拦住了，她想邀请他们做一个调查。随后，这位女士发给他们一张写有自己电话号码的卡片，并且说如果他们愿意的话可以进一步向她询问。当天晚些时候，她又在一座更低、更安全的桥上重复了上述实验。接下来的几天，在危险的吊桥上遇到的那些人打来的电话更多。焦虑似乎使他们更友好，甚至会对彼此产生好感。

焦虑的这种联结作用也许能在一定程度上解释被绑架的人质会深切地关心绑架者这一奇怪现象。虽然人质与绑架者在短时间内的近距离相处可能是原因之一，但更有可能的是人质脑海中挥之不去的焦虑感强化了这种关心。1914年的圣诞节，英国和德国士兵离开战壕在一起踢足球。这个广为人知的故事虽然有可能是杜撰的，但是它也说明了焦虑的联结作用。焦虑和好感并存似乎与常识不符，但也有一定道理，因为它能帮助我们的祖先在面临危险时联合起来，这样会更安全。

心情除了影响我们对他人的判断，也会影响我们对蹩脚论据的接受程度。这种影响不仅与个体听到该论据时的心情有关，也涉及他有多少时间来思考这个论据。当人们心情平静或者有充足的时间来思考时，蹩脚论据就不具备说服力，但当人们心情好并且没时间思考时，人们就很容易被站不住脚的论据所影响（而较少受到坚实论据的影响）。这表明在心情好且时间紧的情况下，人们似乎不得不走捷径，通过背景线索——如论证者的地位——来判断是非，忽视了逻辑分析。

为了检验这一观点，黛安娜·麦凯（Diane Mackie）和莉拉·沃斯（Leila Worth）对美国学生进行了小测试，看他们是否赞成加强对枪支的控制。实验者给一半学生看了5分钟的喜剧，唤起了他们积极的情绪。其余学生观看了一段关于酒的中性节目片断。随后，实验者向两组学生出示了有关枪支控制的观点，但他们出示的观点和两组学生所持的观点刚好相反。赞成加强枪支控制的人看到的是反对的观点，而反对枪支控制的人看到的是赞成的观点。在这个实验中，有一半学生读到的是站不住脚的论据，而另一半读到的则是有理有据的逻辑推论。一些学生被告知这些观点来自一位专家，其他人则被告知这些观点来自一位一年级学生。另外，有些学生只有很少时间来读，而其他学生则有足够的时间。在学生看完这些论据后，实验者再次对他们进行了测试，以观察他们对枪支控制的观点是否有所改变。

实验表明，坚实的论据比蹩脚的论据更具影响力。但是，对于那些心情好且时间紧张的人，这一差异非常小。他们认为二者在说服力上相差不大，而其他组则认为蹩脚论据的说服力远远不够。进一步考察发现，心情好且时间紧的一组更看重论证者的地位。无论心情好坏，那些可以自己掌握时间的人都认为蹩脚论据的说服力更小，这似乎表明时间是关键因素而不是心情。然而，当麦凯和沃斯比较时间充裕的两组人实际用掉的时间时，他们发现心情好的人比心情坏的人花了**更长**的时间。他们由此得出结论：好心情使人更易被蹩脚论据所动摇，但是多数人似乎在某种程度上认识到了这一点，因此，当思辨的力量由于快乐而有所减弱时，他们会主动用时间来进行弥补（见图16）。

麦凯和沃斯的研究表明：对于复杂的问题，我们可以通过两种方式来判断。一种方式慢而准确，另一种方式快而粗糙。前者主要依赖逻辑，后者主要依赖情感。因此，理智与情感可以看作是人脑的两个互补系统，共同帮助我们作出决策。当准确度是关键、并且时间和信息充足时，我们就可以用慢而准确的方式来思考问题。当时间和信息不充足、或者准确度不是关键问题时，我们可以转而采用跟随感觉这一快捷的方式。

然而，我们有时也会使用错误的系统。我们可能会高估自己所拥有的时间和信息，或者过于重视决策的正确性，结果对一些本应跟随感觉的事情进行了理性分析。神经科学家安托尼奥·达马索（Antonio Damasio）就讲述了一个他的病人的故事。由于脑损伤，这位病人会不由自主地过度运用理性思维。在一次检查后，达马索向他确认下次见面的时间。达马索提出了两个相隔不远的日子，于是这位病人拿出了日历，开始列出在这两天见面的优缺点。他几乎花了半个小时权衡了这两天可能出现的天气状况、需要取消的其他约会，以及其他许多相关因素。达马索耐心地听着，最后小声建议这位病人选择第二个日期。“好吧，”病人微笑着说，把日历合上，好像什么怪事也没有

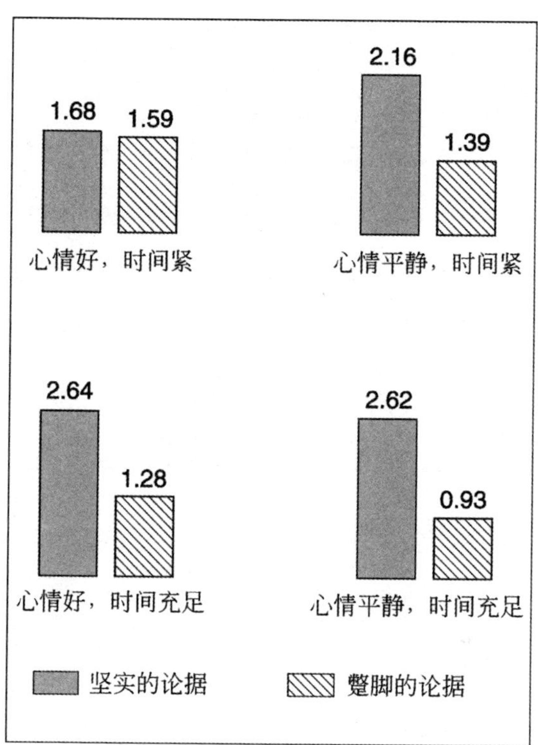

图16　黛安娜·麦凯和莉拉·沃斯的实验结果图。心情好且时间紧的人认为蹩脚的论据几乎与坚实的论据一样具有说服力。其他组的人认为蹩脚的论据说服力很小。柱的高度和数字大小代表了他们对这两种论据的说服力大小的看法（柱越高，数字越大，证明该组认为论据越有说服力）。

发生过。

这则故事表明，当决定并非至关重要时，我们最好节约时间，运用快而不精确的感性思维，而不是慢条斯理的理性思维。在某些情况下，作出正确的判断非常重要，此时我们最好不要考虑时间问题。例如，当我们要判断一个人是否犯有谋杀罪时，或者想要了解光在真空中的速度时，答案的准确性就至关重要，为此我们要准备好牺牲时间。在这些情况下，情绪对决策的影响就是负面的，因此我们要设法消除这些影响。

人多真的力量大吗?

很多人认为消除情绪对决策影响的方式之一就是使决策过程机构化，使其从个人行为变成集体行为。这样做是希望通过集体讨论，个体的情感偏见能够相互抵消，从而使理性成为判断的唯一基础。人多应该力量大，因为集体的感性成分应当较少。在科学界，同行评审过程可以消除争论各方之间的敌对情绪，通过理性的方式达成共识。如今，在多数国家的法律体系中，对重要案件的审判不能由法官一个人来进行，而是要由12个人组成的陪审团来进行。这样做也是希望12个人的力量比一个人大，因为12个人的情感冲突会相互抵消，从而使纯粹的理性成为最后的裁决者。

不幸的是，这种把决策过程机构化的想法可能太过乐观了。首先，我们选择根据情感作出决定并不只是因为时间紧。即使时间充足，我们在作出某些重大决定时还是应该把情感放在首位。结婚就是一个例子。当达尔文决定是否结婚时，他在一张纸上列出了两栏，一栏列举了结婚的好处，另一栏列举了单身的好处，然后看哪一栏的列举项更多。这一方法似乎有效：达尔文与他的表妹埃玛·韦奇伍德（Emma Wedgwood）结了婚，这从各方面来说都是一个很好的结合。然而，多数人可能认为这种决策方式过于理性，并不适用于心灵层面的事情。但是，达尔文也并非完全是理性的。在为每一项给权重时，他一定是听从了自己的情感，因为某种偏好所起的作用是无法用科学的计算方法来衡量的。

判断一个人是否值得信赖最好也基于感觉而不是推理。因不同原因的脑损伤而失去部分情感能力的人很容易被无耻之徒所欺骗。他们不得不完全依赖逻辑推理，这样就使得他们会误信他人，从而酿成大错。而多数正常的人可以清楚地区分值得信赖的人和不值得依赖的人。他们可以通过直觉来很好地判断一个人。扁桃形结构受损伤的人则缺乏这种能力。正如我们在第二章中谈到的，这一区域是脑中与情感有关的重要区域，因此通过直觉判断人的能力在很大程度上可能是由情感过程来掌控的。

因此，当谈到情感会影响理性的决策时，我们不能把它看作一件坏事。基于情感因素作出决定是有益的，这些益处有时我们会意识不到。如果集体决策**能**让科学发展得更快，如果陪审团比单个的法官更**能**体现正义，其原因可能是集体比个人的情感成分**更多**，而不是更少。陪审团比一个法官能更公平地对被告作出审判的原因也许是十二颗**心**比一颗心的力量更大。

心理学家早就意识到社会群体能够扩大情感的力量，但他们并不推崇这一点，而是对此持怀疑态度。在19世纪末期，法国心理学家格斯塔夫·勒邦（Gustave LeBon）描述了人们如何被群体的激情所左右，从而做出独自一人时不可能做出的疯狂举动。根据近期心理学家的推断，希特勒和墨索里尼等蛊惑人心者得到并保住权力的原因之一就是他们利用了原始的“群体思维”，这种思维会使个体理性的声音被集体情感所淹没。集体情感的力量很强大，但是，多数知识分子则惧怕这种未受过教育的群体，认为这种力量是危险的，并不具有解放性。卡尔·马克思却明显不这么认为。

不管这种力量是正面的还是负面的，还是具有两面性，我们都需要解释为什么社会群体能使情感得到放大。是不是因为我们生来就是服从者，内心里艳羡权威的力量，就像法兰克福学派的心理学家在二战后所提出的假设那样？这种情绪的感染力有更深层的生理原因吗？

有些进化心理学家提出，当我们的祖先无法自己解决问题时，群体的影响可以为他们提供有用的指导。如果不知该如何行动，最好的办法是随旁人而动。这样，别人至少不会笑话你犯的错误，因为他们也犯了同样的错。标新立异则是一个冒险的策略。当你成功时，别人会羡慕你。但是当你失败时，你就会显得很愚蠢。

同情和建议

为什么我们在一个紧密连接的社会群体里易被“群体思维”所左右？不拘什么原因，似乎都来源于同情这一能力。同情是指感同身受。有人称之为移情，“同情”一词则留作一种语气较弱的表达感同身受的方式，从而保持某种关键性的距离。不论使用什么术语，如果没有这种感同身受的能力，社会群体对情感的放大功能就显然不可能实现。

亚当·斯密将同情视为最高尚的美德之一，在其首本著作《道德情操论》开篇就讨论了这一问题。他对“同情”和“移情”的深刻程度有着同样的赞赏，为情感智慧成为当今潮流奠定了基础。然而，同情也有负面影响。由于同情可以让我们受到他人情绪的影响，因此他人就可以通过激发情感来说服我们。有关情感对判断影响的研究表明，与理性论证相比，唤起情感这种方式在改变思想方面更直接。

到公元前3世纪，古希腊人已经积累了大量运用情感进行说服的技术和理论。今天，广告商用类似的方法来促使我们购买某种产品。他们可能会用幽默来为我们制造好心情，希望这样会使我们更容易被诱惑，否则他们的叫卖

图17 希特勒在1934年5月1日向200万人发表演讲。与许多蛊惑人心者一样，希特勒知道集体情感会淹没个体理性的声音。

就没有吸引力。广告商还会使我们因为没有买他们的产品而心存疑惧。萨奇（Saki）的一部短篇小说就描写了这样一种场景：某品牌卖相不佳的谷物早餐在做了一次投巧的广告后销量大增。广告中显示了这样一幅画面：一群衣冠楚楚的年轻魔鬼手捧透明碗，碗里盛着该品牌的谷物，被罚入地狱的人由于吃不到而再次饱受折磨，情形十分悲惨。画面下方用粗体字写着一句触目惊心的话："他们现在想买也买不到了。"

潜意识广告就是一种依靠情感力量来影响判断的说服技巧。与许多人想象的相反，多数潜意识广告不是在屏幕上闪出一句话："快买下吧"或"投我一票"，使你来不及思考。潜意识广告的很多形式都会高明一些。"潜意识"指的是有些东西在进入你的头脑中时你没有注意到；它通过意识阈（threshold，其拉丁语形式为*limen*）下的秘密通道进入你的头脑。这种情况经常发生，并不需要玄妙的技术。当走过广告牌时，你通常不会停下来仔细看上面的东西，甚至都不会有意识地注意它。但是，就在不经意的情况下，你大脑中的某一部分也许已经对这一图像进行了加工。大型的广告不用担心其广告词是否缺乏逻辑，它们可以通过感官轰炸来引起大众对产品的熟悉感，从而使广告发挥作用。

熟悉并不一定会招致轻蔑。相反，已知事物会带来一种安全感。和未知事物相比，它带来的威胁更小。哈姆雷特拒绝自杀并非因为害怕死亡，而是因为死之后可能会出现未知的痛苦。喜欢怀旧以及与老朋友相聚也是基于此种对已知事物的偏爱。与大多数情感现象一样，这一先天的保守性也有其缺点。这种保守性再加上强烈的群体认同感会导致各种偏见——从种族主义、仇外主义到种族优越感和宗教偏见。

对熟悉事物的普遍偏爱在心理学上称为“多见效应”。这一概念是由罗伯特·扎伊翁茨（Robert Zajonc）提出的，他在20世纪70年代后期和80年代早期的研究使得情绪重新成为认知科学的主流。扎伊翁茨在一系列独创的实验中证明了这种效应。为了表明对事物的偏好可以仅仅基于熟悉性——基于多见——他在屏幕上快速闪过一些图形，使观看者来不及去注意。随后，当被试应要求辨别一组图形时，他们无法辨认出刚才看到过的图形。然而，如果问他们喜欢哪些，他们的选择正是之前见到过的那些。

也就是说，在他们无意识的情况下，大脑的某一部分已经对那些形象进行了加工。

最有趣的是，如果你问这些被试为什么喜欢那些图形，他们会给出形形色色的理由——某个对称的图形很美，另外一个图形像一张笑脸。但这些不可能是真正的原因，因为其他人对于完全不同的图形也给了类似的解释。人们所喜爱的图形只有一个共同点，那就是：它们都是曾经见过的图形，尽管是在无意识的情况下见到的。

如果某些事物是潜意识注意到的，通过有意识的回忆就无法记起。然而，它们可以通过无意识的回忆表现出来，正如扎伊翁茨的多见效应实验所表明的那样。这种无意识的回忆形式往往会通过某种有意识的感觉表现出来。扎伊翁茨的实验表明，如果潜意识记忆没有被贴上某种情绪的标签——即人们是在中立的状态下注意到这些事件的——那么无意识的回忆系统就会将该回忆归为积极的。由于该实验的被试在注意到那些图形时处于一种中立的情绪状态，这足以使潜意识的感知引起积极的反应。多见效应也适用于熟悉的音乐和食品等其他事物。可以说，人类是被习惯支配的动物。

如果潜意识记忆被贴上了负面情绪的标签，那么情况就不同了。例如，在害怕时无意识地感知到的事情可能就会被贴上负面情绪的标签，储存在无意识记忆中。以后，当我们遇到那件事时，我们就会产生一种莫名其妙的反感。直觉就会告诉我们避开那件事，连我们自己也不知道为什么（见下框）。这种情况会导致不好的结果——如让人丧失行为能力的恐惧症，但也会让我们避免犯愚蠢的错误。

对表情的潜意识反应

在1998年，爱尔兰神经科学家雷·多兰（Ray Dolan）与同事约翰·莫里斯（John Morris）和阿尼·奥曼（Arne Öhman）发现，大脑可以在无意识和有意识的层次上对面部表情进行加工。在一个实验中，他们给人们看了两张表现愤怒面孔的幻灯片。在放一张片子时，他们播放了一阵令人心烦的“白噪音”，以此使人们对这一面孔的记忆被贴上负面标签，而在展示另一张幻灯片时没有播放任何的声音。

接下来，一张幻灯片很快闪过，紧随其后的是一张面无表情的脸。这称为“后掩蔽效应”，因为人们对第二张幻灯片的感知会覆盖第一张。当他们问被试看到了什么时，他们的回答是第二张幻灯片，而不是第一张。

尽管被试这样回答，他们肯定还是在某种无意识的状态下感知到了第一张幻灯片，因为在展示第一张幻灯片时，他们的脑部活动会根据那张幻灯片是否伴有噪音而有所不同。换句话说，他们对第一张片子的感知是潜意识的。右扁桃形结构是识别消极表情的主要脑区，这种识别是无意识的。这样，扁桃形结构再次对无意识的情绪加工起到了关键作用。当你对一个素未谋面的人有一种直觉反应时——也就是当你“看到某人就讨厌”时——这也许是因为你的扁桃形结构在告诉你，这个陌生人酷似某个伤害过你的人，尽管你丝毫记不起这个宿敌是谁。

来源：J. S.莫里斯，A.奥曼，R. J.多兰，“人类扁桃形结构中的有意识与无意识的情感学习”，《自然》，393/6684 (1998), 467–470

有时自然会拿人来做实验，而且这个实验很残酷。人类可能会因疾病或者事故而丧失有意识的记忆系统。手术失误也会导致完全失忆。不论是什么原因，遗忘症患者的潜意识记忆通常完好无损，我们不需要透过有意识的记忆就能感受到它的存在。有这样一个著名的病例：一位遗忘症患者无法回忆起她出事以来的任何事情。例如，她认不出自己的医生，尽管每天都会看见他。一天，那位医生进入她的房间时在手掌里藏了一枚很尖的别针。在和她握手时轻轻地扎了她一下，于是她立刻将手抽了回来。第二天，她像平常一样和这位医生打招呼，仿佛是第一次见到他，但这一次她拒绝握医生伸出的手。就像扎伊翁茨实验中的被试一样，这位女士无法解释她**为什么**不愿握医生的手，但她就是不想握。由此可见，无意识记忆的表现就像某种情绪一样，即使在她的有意识记忆被破坏后也是如此。

看来，头脑并非总是心灵的主人，但这也不是一件坏事。即使我们自认为非常理性，我们的决策还是会受到情感的影响。当然，心灵也不是完全处于控制地位。与休谟的名言相反，理性并不总是情感的奴隶。有时候我们要排除情感因素才能进行最严密的分析。然而，最理想的情况是既不完全理性也不完全感性，努力平衡两者之间的微妙关系，这种能力就是我们所说的情商。

第五章

哭泣的电脑

科幻电影中反复出现的一个主题就是机器终将会有感情。在电影《2001太空漫游》中，当哈尔——一台与“发现号”宇宙飞船的宇航员对抗的船载计算机最终电路断裂时，它发出了痛苦和恐惧的声音。在影片《银翼杀手》中，当一个类人机器人得知她的记忆不是真实的，而是由程序设计员输入她的硅脑中时，她痛苦万分。在电影《二百岁的人》中，罗宾·威廉姆斯（Robin Williams）扮演的机器人重新设计了自己的电路，使自己能够体验到人类的所有情感。

这些故事取得效果的原因之一就是情感通常被认为是人与机器的一个主要区别。我们今天所知道的机器肯定是这样。我们从电脑那里得到的都是像“系统错误1378”那样的反馈，千篇一律，枯燥乏味。这与哈尔痛苦的叫喊声相差甚远。人们有时候会对电脑生气，对它们大喊大叫，好像它们也有感情，但是电脑毫无反应。它们既没有自己的情感，也无法识别你的情感。

科学幻想和科学事实之间的差距看似巨大，但是一些人工智能的研究者现在认为，跨过这一鸿沟只是时间问题。在创造简单的情感机器过程中，情感计算机这一新领域已经取得了日新月异的发展。然而，一些批评家认为机器永远不会像人类一样具有真正的感情。他们声称，优秀的程序最多只能让电脑**模拟**人类情感，但也仅仅是逼真的模仿。到底谁对谁错呢？要回答这个问题，我们就要知道情感到底**是**什么。

你也许会奇怪，为什么我们到了最后一章才给情感下定义。大多数入门书以定义**开始**，但我更愿意将这个任务放在最后，这种做法危害性更小。定义在解决争议时是有用的，但它很容易成为智力的束缚，使人们误以为某个词汇有着一成不变的含义，可以抵御文化变革和科学进步的大潮。简要讨论一下情感“到底是什么”对于我们确定电脑何时可以被称为有情感也许会有帮助，但是我们想出的（一些）定义不是一成不变的，而是随时可以修改的。

图18 哈尔，《2001太空漫游》中的宇宙飞船上的计算机。

我们可以用几种方式来构建情感的定义。一种是以神经生物学为出发点，另一种从行为方式的角度来下定义，第三种则以功能为标准，根据情感在精神领域中的作用来下定义，最后一种把主观感受作为情感的本质。最常见的定义方式就是最后一种，至少在公众心目中是这样。

这些定义都涉及一些广为人知的情感的特点，但是当代多数研究情感的哲学家和心理学家都反对用单一标准来定义情感。现在的共识是，情感包括几个相关的过程，将其中任何一个单列出来作为情感现象的“本质”都是毫无意义的。这条原则同样适用于感觉和情感的其他方面。我们没有理由认为感觉是情感必不可少的组成部分，就像我们不能认为面部表情或注意力的集中是情感的必要条件一样。通常情况下，情感的所有因素结合起来才能形成情绪事件。当缺少某个因素时，如某人有某种情绪但是没有相应的面部表情，我们不会仓促地否认某种情绪的出现。同样，仅仅因为电脑只缺少一种情感成分——如有意识的感觉——就断定它没有真正的情绪也是愚蠢的。

在本章结束时我会回到情感的问题。但是，让我们首先来看看情绪的神经生物学、行为以及功能上的定义，以便了解电脑在这些方面能取得多大进展。从神经生物学的角度来定义情绪是相对直截了当的。例如，既然我们知道基本情绪在很大程度上是由大脑边缘系统调节的，那么我们可以进而将情绪定义为边缘系统的脑过程。根据这一定义，电脑永远都不会有情绪，因为它们没有边缘系统。高智商的外星人也不能说有情绪，除非他们碰巧具有酷似人类的脑结构。然而，这种定义过于狭隘。仅仅因为外星人没有我们从毛茸茸的祖先那里继承的一些奇形怪状的神经结构就断定他们没有情绪，这么做似乎过于武断，甚至有点唯我独尊的味道，这就像欧洲殖民主义者根据美国土著人的肤色就否认他们拥有灵魂一样。

情绪就是情绪之所为

另外一种不那么偏隘的替代方式是以行为而不是某种脑结构来定义情绪。根据这种观点，情绪的本质在于表现情绪的**行为**，而不是调节这种行为的大脑通路。情绪**就是**情绪之**所为**。根据这一定义，如果电脑以情绪化的方式行动，我们就可以说它是有情绪的。现在的问题就转化成了什么是情绪行为，以及它与非情绪行为的区别。

在人类和其他动物中，当观察到某种面部表情和声音——如微笑或咆哮时，或者看到某种生理变化——如头发倒立或者出汗时，我们就会称其为情绪行为。既然多数电脑还没有脸和身体，它们就无法表现出这些行为。然而，近年来计算机科学家研发出一系列名为“活跃的脸”的程序，这些程序可以在电脑屏幕上显示出类似于人脸的形象。经过巧妙处理，这些形象可以活灵活现地作出各种表情。还有人更进一步，设计出三维合成的头部。罗德尼·布鲁克斯（Rodney Brooks）和他麻省理工学院的同事们制造了一个名为“克斯梅特”（Kismet）的机器人。这个机器人的眼睑、眼睛、嘴都可以活动。“克斯梅特”的情绪表达虽然有限，但足以让和他交往的人产生共鸣。布鲁克斯让人类父母每天陪“克斯梅特”玩耍。当“克斯梅特”独处时，它就会很伤心，但当它发觉有人时就会笑，希望引起对方的注意。如果照顾它的人走得太快，它就会作出害怕的表情，表示出了问题。这让陪“克斯梅特”玩的人不由自主地对这些简单的情绪行为产生共鸣。

那么，“克斯梅特”是否有情绪呢？它当然表现出了某种情绪行为，因此，如果用行为概念来定义情感，我们就必须承认“克斯梅特”是有情绪的。虽然“克斯梅特”没有表现出人类所有的情绪行为，但是情绪的有无并非那么极端。大猩猩并没有表现出人类的全部情绪，但它们显然具有某些情绪。狗和猫的情绪与人类的极为不同，但那些溺爱宠物的主人却认为它们具有人类一切的情绪，这样做显然犯了将动物人性化的错误。然而，如果我们认为这些动物没有任何情绪就走入了以人类为中心的另一个极端，错误同样重大。

情绪是一个由极简到极繁的连续体。也许“克斯梅特”有限的情绪使他处于该连续体极简一端，但相对于目前安放在桌上的、根据大多数定义什么情绪也没有的电脑来说，这已是一个很大的进步了。

随着情感计算技术的发展，我们可能会制造出越来越多具有复杂情感的电脑。“克斯梅特”现在还无法说话，但是布鲁克斯计划将来为它安装一个语音系统，使它可以发出表达情绪的视听信号。今天的语音合成器音调单一，无法传递情感。今后，计算机科学家可以通过调整语速、声调、音量等非语言因素来使电脑的发音听起来更像人类。

这方面已经有了一些进展。珍妮特·卡恩（Janet Cahn）设计了一种可以用带情感的声调讲话的程序。在一项实验中，她往计算机中输入了中性的句子，如“我在报纸上见到了你的名字”，然后让计算机以悲伤的语调说出这一句子。当人类听众被问到这个声音合成器在表达什么情绪时，91%的人都猜对了。这个程序不善于表达其他情绪，但人类若只通过语音信号来表达情绪也并非次次都能传达成功。

面部表情和语调不是情绪行为的唯一形式。情绪还可以通过行动表现出来。例如，当我们看到一只动物突然停

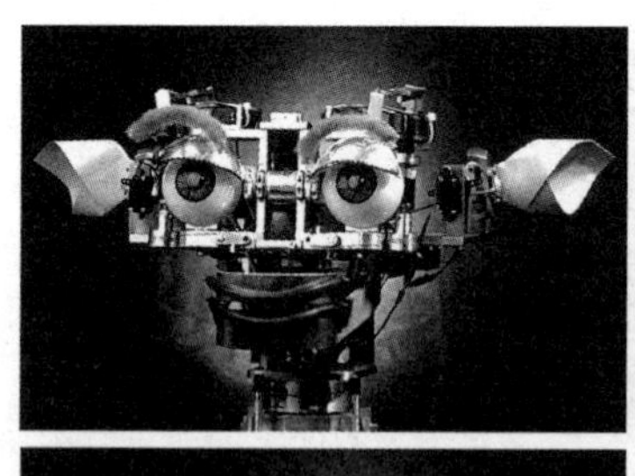

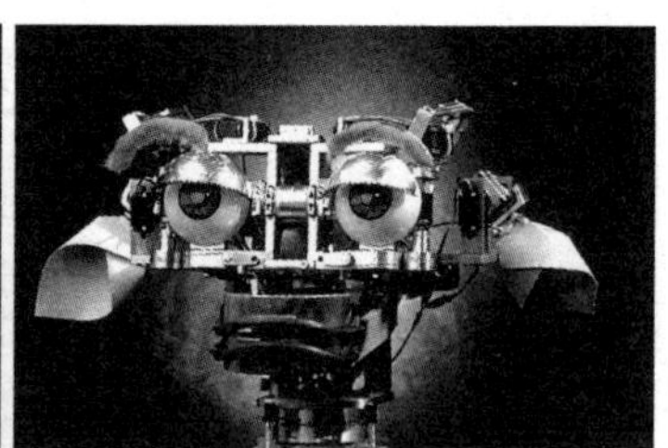

图19 “克斯梅特”，麻省理工学院发明的机器人，它有着各种表情，包括幸福、悲伤和惊奇。

下、转身跑开时，我们可以猜出它感到害怕，尽管我们看不到令它害怕的东西。如果要让计算机表现出这种情绪行为，它们就要能够走动。用人工智能的术语来说，它们必须是“移动机器人”（mobots，即mobile robots）。

1999年的秋天，我参加了一个移动机器人展示会。会上展示了一些很简单的移动机器人。比如有一个机器人只有一只鞋大小，它的任务就是在地上走动时不撞到任何东西。它身上的传感器能够探测到墙和其他移动机器人等障碍物。这种机器人尽管简单，但其行为类似于动物。当探测到障碍物时，这个移动机器人会停下来、转身朝另一个方向走去。观众明显能够看出这个移动机器人害怕被撞到。

那个移动机器人真的在害怕吗？还是包括我在内的观众犯了把机器人拟人化的错误？人们曾经对动物也持有同样的疑问。例如，笛卡尔认为，动物并没有人类的情感，因为它们只是没有灵魂的复杂机器。当它们因为疼痛而尖叫时，它们只是在听从内部机制的指令。既然我们知道人类的疼痛机制与其他动物并没有什么不同，笛卡尔对有感情的人与“类似机器”的动物之间的区分就没有意义了。同样，在我们开始制造越来越像人类的机器时，机器所拥有的情感是“真”是“假”这个问题就没有太大意义了。目前人们大都认为机器没有情感，这主要是因为：即便是现在最先进的机器仍然还很初级。

有专家估计，到2050年，我们可以制造出像人类一样有着复杂情感的机器。但这是一件好事吗？制造有情感的机器意义何在？情感难道不会妨碍计算能力吗？更糟的是，情感会不会使电脑与我们对抗，就像哈尔在电影《2001太空漫游》中表现的那样？

为什么要赋予计算机情绪？

赋予计算机情绪是非常有用的，这有很多原因。首先，与一个情绪化的电脑互动要比和现在这些呆板的机器互动更容易、更愉快。想象一下：每次你坐下来打开电脑时，它就会扫描你的面部表情，从而识别你的情绪状态。星期一的早晨，当你开始工作时，你的电脑发现你心情不好。这时，这个有情绪识别能力的台式电脑不会像今天的电脑那样只是要你输入密码，它可能会给你讲个笑话，或者建议你先读一封令人愉快的电子邮件。也许根据以前的经验，它知道你讨厌这样的方式，此时，它就会不理你，直到你平静下来或者喝完一杯咖啡。和现在这些呆板的电脑相比，用这种情绪智能电脑工作要更有效率。

上述情节并不只是幻想。计算机已经能够识别一些情绪了。伊凡·埃沙（Ifran Essa）和亚历克斯·彭特兰（Alex Pentland）两位美国计算机科学家设计了一种程序，可以使计算机识别6种基本情绪的面部表情。当志愿者作出某种表情时，电脑识别的准确率达98%，比人类识别的准确率还要高。如果电脑识别情绪的能力已经超过了我们，它们肯定不久就能够获得表达情绪这一更高级的能力，甚至还能够感受到这些情绪。也许在今后，计算机反而会认为人类是没有情感的。

除了为台式电脑提供情绪智能型界面外，情绪电脑还有什么其他用途？波士顿麻省理工学院媒体实验室的计算机科学家罗莎琳德·皮卡德（Rosalind Picard）列举了如下用途：

- 人工面试官，通过对应聘者的肢体语言给予反馈来训练应聘者；

- 情感语音合成器，使有语言障碍者能够开口说话，而且能真正有感情地说话；
- 失败监视器，使生产者对产品的便捷程度进行评估；
- 穿戴式电脑（“智能服装”），对情绪状态给予反馈，使人们知道何时需要休息，以便缓解压力。

所有这些用途都和赋予电脑识别人类情感并给予反馈的能力有关。但是如果赋予电脑感受自己情绪的能力呢？这种能力又有什么用途呢？

我在第二章中谈到自然永远不会进化出斯波克时，已经为这个问题提供了部分答案。一个没有情感的生物在这个危机四伏、瞬息万变的世界中是无法生存的。情绪不是奢侈品，更无碍于明智的举动。情绪对于任何高级动物来说都是必不可少的。

这一点也适用于移动机器人。机器人一旦离开实验室的安全环境，它就会遇到活动的物体或深坑等危险。如果这个机器人是由人遥控的，人可以指挥机器人绕开障碍。但是让机器人总是依赖于人的指挥并不是我们所希望的，也不总是可能的。当宇宙飞船“深空一”号在1999年7月飞过小行星布拉耶时，由于离地球太远，地面控制无法指挥它的所有行动。无线电波从地球传到宇宙飞船上需要很长时间，因此它必须立即作出决定，用机上的自动导航（autonav）软件来自己设计路径，甚至要决定拍照的时机。

美国宇航局需要更多这样的“无线”技术，因为这样可以使昂贵且不堪重负的深空网得以从事更有价值的工作，而不只是对航天器进行日常监控。这种技术还可以使无人驾驶的飞行器能够实时应对突发事件，而不是等待地面指令。由于多数像“深空一”号这样的航天器的飞行速度为5万公里/小时，因此，节约时间就尤为重要。

自动导航软件刚刚起步。智能机器可以自己作决定、应对突发事件，它除了应用于空间飞行器之外，还可用于许多其他领域，例如炸弹拆除、显微外科手术、搜救行动，以及间谍活动。在这些情况下，一个无法探测危险并作出反应——即没有恐惧感——的机器人是不可能长时间生存的。一个机器人可能同时有几个相互冲突的目标，如避开障碍物、加油、照相、尽快返回地球，这就需要有内部目标管理系统。目标冲突的问题被计算机科学家称为“机器人的困境”。早在1967年，赫伯特·西蒙（Herbert

Simon）——人工智能的先驱之一——就提出，要解决这个难题，就需要使机器人具有情绪。

西蒙的论证简单而巧妙。任何一个动作主体在同一时间内能做的事情都是有限的，不管它是动物还是机器人。因此，如果该主体有一个以上的目标，为了使每项活动都能达到目标，它就必须合理安排时间。然而，除非环境极为稳定和良好，否则该主体必须保持警惕，根据外部变化迅速改变行动。假设一个机器人有下面两项任务：**第一**，从一个小行星上采集岩石样本并**当场**分析；**第二**，将这些样本安全带回地球。设想一下：当这个机器人正兴高采烈地坐在小行星上对刚收集到的石块进行化学检测时，一块碎石朝它飞驰而来。除非这个机器人具有某种“中断机制”，否则即使它可以成功完成第一个目标，第二个目标也只能以失败而告终。

西蒙认为，情绪就是这种中断机制，并以此来定义情绪。换句话说，当我们在自己和其他动物身上观察到这种中断机制时，我们把它命名为了“情绪”。这一定义不是神经生理学**或**行为上的，而是功能上的。功能定义和行为定义都是根据可观察的行为来定义心理过程，但是与

图20　穿戴式电脑现在还很笨拙，但是每年都越变越轻巧。很快这种“智能服装”就能够监控我们的情绪状态。

完全的行为主义者不同，功能主义者认为发生这些行为并非产生这一心理过程的必要条件。其他心理过程也可导致这种行为的出现。根据西蒙的功能定义，情绪是一种导致中断行为的心理过程，它使主体对突发的环境改变作出快速反应。

这一定义中的关键词是**快速**。很多心理过程都可以使其他过程中断，但并不是所有的心理过程都能对突发的环境改变作出快速反应。许多小变化都可能导致某种心情的逐渐积累，直到它强大到能够打断我们的思维。西蒙将情绪定义为**迅速反应**的中断机制可能过于狭隘了。他的定义适用于突如其来的基本情绪，但是对于爱和嫉妒等高级认知情绪就不太适用了，这些情绪通常出现得较慢——至少长于几秒钟。与许多恰当的定义一样，西蒙的这一定义虽然突出了一个重要特点，但并不全面。

如果机器自己进化出情绪怎么办?

目前为止，我们所讨论的情绪机器的潜在用途都是非常实用的。这没有问题，但我认为未来大多数情绪机器并非用于任何实用的目的，而是纯粹用于娱乐。如果你想展望一下情感计算技术的未来，不要去想宇宙飞船和智能服装——想一想玩具和视频游戏。

目前，许多视频游戏已经开始使用一些简单的学习玩家操作的算法来控制计算机控制的角色，如怪物和恶人。例如，在游戏《古墓丽影》中，劳拉·克罗夫特（Lara Croft）的敌人只需要让你打几枪就可以知道你的射击风格。如果你在暗中伺机袭击恐龙，它可能会呆在阴影里，引诱你出来打一枪，这样它就可以轻而易举地袭击你。虽然这些只是相对简单的程序，但是随着我们对更高级的游戏的需求在不断增加，软件也在不断升级。第一批真正的情感电脑很可能是游戏机控制台，而不是空间飞行器。

其他具有初级情绪的娱乐软件也可以用于电脑里的虚拟宠物。许多孩子现在把狗和猫作为屏幕宠物，近期还出现了虚拟婴儿。一个名为“模拟人生”的程序可以让你自己创造人物，但这些人很快就会有自己的生活，让人惊叹不已。“模拟人生”中的人物有种种酷似人类的情绪行为。他们会生气、会抑郁、甚至会相爱。

这些生物都是虚拟的——它们生活在电脑中，唯一的“身体”就是屏幕上的画面。然而，第一个有着实实在在的身体的电脑生物已经进入了玩具市场，它们也有一些最初级的情感。首先上市的是名叫“福比”的小毛绒机器人，它困的时候会睡觉，如果长时间被冷落还会发出抗议的哭声。现在还有机器狗和机器猫，它们可以在你的起居室里跑来跑去而不会弄得一团糟。

就像对“克斯梅特”一样，人们对这些人工生物也有着自然的同情反应。人们并不会满腹疑问，怀疑这些情绪是“真”是“假”。人们只是愿意和它们玩耍，就像对一个真正的宠物或婴儿一样。一种有硅脑和橡胶脸的娃娃甚至会在饥饿时皱起脸，露出悲伤的表情。

科学幻想和科学事实之间的鸿沟正在缩小。今天的计算机和机器人虽然远远没有哈尔那样高级，但它们已经有了很大进步。事实上，由于技术的飞速发展，有人已经开始担心：如果电脑和机器人进化出人类的情感该怎么办。它们会像哈尔那样与它们的制造者反目成仇吗？在影片《终结者》中，一个叫“天网”的巨型电脑具有自我意识，为了阻止人类将其关闭，它企图进入军队的指挥系统并发

图21　情绪计算技术未来会应用于娱乐产业吗？由索尼公司制造的爱宝机器狗（人工智能娱乐机器人）有6种情绪：快乐、悲伤、愤怒、惊奇、害怕和厌恶。它的情绪状态会根据外部刺激而变化，并对行为产生影响。

射核导弹。情感计算技术会不会最终导致人机大战？如果会的话，谁将是赢家呢？也许未来机器人将不再是我们的玩具——我们可能会成为它们的玩具。

给电脑编程也许可以使它们服从于我们，从而避免这一悲剧。例如，我们可以通过编程使它们服从“机器人三法则”，就像艾萨克·阿西莫夫（Isaac Asimov）在他的短篇小说《二百岁的人》中所提议的那样，同名电影就是受到了该小说的启发（见下框）。

然而，许多情绪的一个重要特点就是它们是不可预测的。一个真正的情感机器人可能会不遵守或是重新解释这些法则。另外，人们近来越来越尊重动物权利，部分原因是人们认识到：非人类动物与人类一样能感受到痛苦和情感，由此可以预见，未来人们会越来越注重机器人权利的保护。正如有些人准备用暴力手段来保护动物权利一样，有些人可能会和受压迫的机器人联合起来，帮助它们从被奴役的状态中解放出来。

机器人三法则

1. 机器人不能伤害人类，不能通过不作为来使人类受到伤害。
2. 机器人必须遵守人类的命令，除非命令与第一项法则相冲突。
3. 机器人必须自我保护，除非这种保护与第一或第二项法则相冲突。

来源：艾萨克·阿西莫夫，《二百岁的人》

许多人可能认为，电脑是可以预测的，因为它们只是按照程序工作。这使人们无法相信电脑有一天也会有情绪。即使我们能设计出高超的软件，使电脑可以模仿情绪行为，那也不是真正的情绪，因为它们只是按照指令去做。电脑不会像真正的情感动物那样不可预测。

但如果计算机程序能够自我进化，这些人又会怎么说呢？这样的机器可能会拥有真正的情绪，而不是由人来设计。计算机科学一个较新的分支——人工生命——就在尝试开发这种自我进化的软件。研究人工生命的计算机科学家并不是自己写程序，而是创制随机指令序列，让这些微型程序（称为进化算法）在电脑硬盘上竞争空间。当前任务完成得较好的程序可以进行自我复制，从而占据更多的存储空间，而任务完成得不好的程序就会被删除。由于复制过程被故意设计成了有缺陷的，因此复制时偶尔会出现错误。这就使变异程序得以出现，有些程序比它们的母本更好地完成了任务，于是成为了硬盘的主宰者。如果这一过程经过多代反复，有益的变异品种就能得以积累，形成人类用常规方法无法设计出的超强程序。

你可能注意到，人工生命与自然选择的进化非常相像。事实上，它**就是**自然选择的进化。它具备自然选择所有的因素：遗传（自我复制）、变异（复制品并不完美）、差异复制（一些程序比其他程序有更多的复制品）。这些自我进化程序的术语——“进化算法”——清楚地表明它与DNA进化的相似性。虽然这一过程中的主角是硬盘上的编码序列而不是染色体上的核苷酸序列，但这并不能否认人工生命可以进化。因为电脑没有脑器官就否认它具有情绪是一种狭隘的看法，同样，仅仅因为电脑没有DNA就认为它不能进化也是一种偏狭的观点。不管是情绪、进化，还是生命本身，所有这些生理过程的本质并不在于它们的物质构成，而在于这些物质是如何表现的。只要程序可以自我复制——有些程序可能并不完美，只要复制品的数量取决于该程序本身的某个特点，这个程序就完全可以说是通过自然选择而进化的。

人工生命中最著名的实验之一是一个名为Tierra（西班牙语，意为地球）的虚拟世界的创建。Tierra由计算机科学家托马斯·雷（Thomas Ray）设计，最初这一虚拟世界里只有一些单一程序的复制品。正如刚才所描述的，这一程序可以自我复制，它是一种“进化算法”。但是这些复制品并不都是完美的，因此，随着时间的推移，Tierra中的数字生命越来越多样化。当雷在观察他的虚拟生物圈的进化时，他发现了从未见过的生命形式，其中包括虚拟病毒和形成了人工免疫系统以保卫自己的虚拟宿主，他万分激动。这些人工生命形式还没有获得情绪，但是不难看出，如果时间充足，它们会进化出这些能力。由于设计过程中的随机因素，这种人工情绪将会很难预测。

有人认为机器不会有情绪，他们的理由是真正的情绪是不可预测的，而人工生命技术可能会改变这些人的观点。当然，这一技术可能还无法和否定情绪机器的最极端顽固的观点对抗。这一观点认为电脑永远不会有真正的情绪，因为它们不可能有意识。虽然电脑可能会表现出情绪**行为**，但它们永远不会有主观**感觉**，这种感觉构成了情绪的本质。

正如前面提到的，许多人认为感觉是情绪的根本，但多数当代研究情绪的科学家和哲学家不赞成这一观点。根据现代科学的观点，就像不能仅仅因为瘫痪病人不能表现出相关面部表情就否认他有情绪一样，我们也不能仅仅因为电脑没有意识情感就否认它有情绪。

另外，声称电脑永远不会有意识只不过是一种直觉。有人提出一些似是而非的论据来支持这一观点，但是这些思维实验（包括中文屋和怪人）比它们所反对的观点更加离谱（见下框）。事实上，在21世纪初，没有人真正了解什么是真正的意识。由于对意识没有很好的定义，对怎样研究也缺乏共识，因此对所有认为不可能有意识机器从而否认情感计算技术的观点我们一定要有所保留。

计算机未来会有意识吗?

一些人工智能的研究者认为，在今后的100年内，计算机将会有意识。有些哲学家认为这是荒谬的。他们认为机器永远不会有意识。为了支持这一观点，他们设计了一些奇怪的思维实验。

在一篇现已成为经典的关于思维的哲学论文中，约翰·塞尔（John Searle）提出了“中文屋”这一概念。一个男人坐在一个房间里，人们给了他一系列中文字符并告诉他一些规则，使他知道该如何对这些中文字符作出反应，他都照做了。房间外面的人以为这个人懂中文，但我们知道他不懂。他只是按照规则做。塞尔认为计算机也是这样，它们只能遵守规则，永远不会“知道”任何事情。因此，塞尔认为计算机永远都不会有意识。

另外一位哲学家——大卫·查默斯（David Chalmers）认为，意识不是仅通过行为就可以表现出来的。他让我们想象一个怪人，它外表酷似人类，唯独没有意识。如果这种生物存在的话，那么电脑就不可能有意识，不论它看起来多么像有意识的生物。

这些思维实验的问题套用一句话来说就是：想法太多，实验不足。我们不应该根据一些荒唐的故事来断定计算机是否会有意识，因为这些故事中的事我们了解得更少——比如中文屋和怪人，进行更多实验可能会对我们更有帮助。总而言之，真正使我们知道机器是否会有意识的唯一方法就是尝试制造一个有意识的机器。

在为数不多的几个较贴切的意识定义中，有一个已经在一定程度上得到了认可。这种定义认为，主观情感主要取决于身体类型。这可能意味着Tierra中的数字生物永远不会有意识，因为它们是虚拟的，只是计算机硬盘上的编码序列。然而，在最近，计算机科学家开始将人工生命的技术扩展到真正有实体的电脑上。这一新兴学科称为进化机器学。与人工生命一样，它的原理也是让控制机器人的程序自己进化，而不是由人类来设计。如果Tierra中的生物不可能有意识，这种被赋予形体的程序也许就会有意识。

如果情绪对于任何半智能生物的生存都很关键的话——如我在第二章中提出的观点——我们会看到这些复杂的机器人像高等生物那样自己进化出情绪。如果让机器人自行发展，它们可能会进化出与人类非常不同的情绪。生命存续所需的情绪在很大程度上取决于生物的生活方式和生存环境。如果这一生物的存在基本上是静态的，它就不需要社会情绪，如内疚和嫉妒。如果没有捕猎者的追捕，它可能就不需要害怕这一情绪。鉴于机器人与人类在生活方式和生存环境上的差异，它们可能会进化出截然不同的情绪。

即使机器人的情绪在表面上与人类情绪相同，机器人对它们的**感觉**也可能大相径庭。如果意识和身体构成之间

图22　是人类与机器人的恋爱？还是两个机器人之间的恋爱？在影片《银翼杀手》的这个镜头中，德卡德（哈里森·福特扮演）亲吻了雷切尔（肖恩·扬扮演）。雷切尔是一个机器人，德卡德可能也是。

确实有紧密的联系，对于情绪的主观感受就可能取决于生理细节。那么我们几乎可以肯定，有着塑料或金属躯体的情感机器人和有着血肉之躯、七情六欲的人类一定有着极为不同的内在感觉。由于同情就是感同身受，因此机器人和人类不同的生理状态可能很难让我们同情他们，即使它们表现出的行为与人类极其相似。更危险的是，也许机器人同样很难同情我们。未来人机大战的噩梦似乎正在向我们逼近。

也许我们对于未来人机争霸的恐惧是一个错误。进化出情绪的复杂机器人可能会成为我们的朋友而不是敌人。《二百岁的人》和《银翼杀手》表现的都是人类与机器人的彼此相爱。

在日本，这种机器人的友善形象比在西方更普遍。在不远的将来，几乎注定要出现的情感机器可能还会成为我们的救星，通过教育我们学习它们更细腻的感受力来使我们不再对它们抱有敌意。

后记

心自有其道理

布莱斯·帕斯卡尔（Blaise Pascal）曾写道："心自有其道理，非理智所能知晓。"当人们提起认知和情绪时，或者是（更加传统的说法）理智与情感时，人们通常所指的是两种完全不同的心理官能。一种冷静而镇定，通过清晰的逻辑推理一步步得出结论。另一种炽热而多彩，通过直觉得出结论。然而，心灵不受**理性**的制约并不意味着它没有**道理**。相反，正如我想向大家展示的，一切受情感驱动的行为都是有理由的，无论是逃离危险、追求爱人，还是集中精力、影响判断，这些行为的背后都有充分的理由。理智中有情感，情感中也有理智。

拿多见效应来说。正如我们在第四章中谈到的，我们之所以偏爱已知事物是因为我们对它比较了解。人是按习惯行事的动物，"已知的魔鬼比未知的好"已成为了一句箴言。这种行为看似愚蠢，但事实上会对我们有利。最近，由德国心理学家格德·基根泽（Gerd Gigerenzer）、丹·古德斯坦（Dan Goldstein）及柏林适应行为和认知中心的其他同事共同进行的一项研究表明，当人们面临多个选择时，那些选择已知事物的人往往比深思熟虑后再作决定的人表现得更好。甚至在知识测验中，依赖这一“再认启发策略”的人也常常会取得更好的成绩。例如，当基根泽和古德斯坦让几个美国人判断哪两个德国城市更大时，一些人选择了他们知道的城市，另一些人则试图根据自己的显性知识来判断，结果前者的得分更高。

情绪和心情影响判断的另一种方式是众所周知的好心情和过度自信之间的关系。心情好的人常常会高估自己成功的几率，而心情不好的人对自己的预测则较为准确（这一现象被称为“抑郁现实主义”）。你可能会认为，既然其他方面都相同，而准确预测又优于不准确预测，那么不好的心情应该对人更有利。问题是，其他方面并不一样。如果你成功的几率很低，而且心情也不好，那么你的准确预测只能使你根本不敢去尝试。然而，如果心情好，你可能会高估成功的希望，从而有勇气去尝试，结果你可能就成为了一名幸运儿。如果你的努力不太可能白费，成功带来的回报又很高，那么过度乐观就是有益的。任何使期望值与成功的客观几率齐平的做法都会降低成功的可能性。而且，即使过度自信并未增加成功的几率，它也会使你变得更善于社交，并从中获益，如更具人际吸引力或者更值得信赖。

上述例子看起来有些矛盾。一方面，心情好会让人们对成功的期望超出了客观现实，使人们理性的成分**变少**。而在另一方面，与面对现实相比，过度自信可能是一种更理性的做法，因为有些奖励只属于勇敢的人。情绪有时似乎表现出一种超理性，使纯粹理性不至于作茧自缚。

情绪也并非总是有益的。若是如此，那根本就不会有对于情绪的消极观点，更不用说这种观点的影响力了。许多西方思想家都曾批判过情绪，这说明感性战胜理性并非总是好事。有时，情绪对理性思维甚至会产生负面影响。例如：由于多见效应的影响，我们可能会花钱去买熟悉的品牌，而不是那些不太知名的商家生产的物美价廉的商品。心情也会影响到我们的判断。骗人高手的伪善会使我们心情愉悦，从而蒙蔽了我们的双眼，使我们看不出他话语的破绽。诸如此类的事还有很多。

本书为情绪的积极观点作了辩护，但这并不意味着情绪不会对理性思维产生不利影响。情绪的积极观点只是宣称情绪对理性思维的有利影响要多于不利影响。总体说来，缺乏情感的生物不仅没有我们**智慧**，也没有我们**理性**。

这说明我们对理性的看法应该区别于逻辑学家和经济学家。经济学家对理性的定义过于技术化，他们将理性定义为预期价值的最大化。也就是说，理智者的行动通常是为了最大限度地满足自己的偏好。这样定义虽然并无不可，但是它没有说明这些偏好来自哪里，也没有说明具有某些偏好的人是否会更理性。严格地说，后一个问题对于经济学家的确毫无意义，因为他们对理性的定义是满足这些偏好。在经济学中可能有非理性的**消费者**和非理性的**购买**（即偏好不“一致”的结果），但是没有非理性的**偏好**（也没有理性的偏好，偏好**就是**偏好）。

我完全不赞同经济学家的这种观点。我们完全有理由知道某种偏好是否理性。例如，想要受几个朋友的欢迎是可以理解的，而想要让世界上所有人都喜欢你就没有道理了。如果经济学家认为这样的观点很荒唐，那是因为**他们**

与世界上其他的人不合拍，而不是其他人和**他们**不合拍。心灵也是有理性的，但这种理性不是手段—目的这种**思维模式**的理性。情感关乎的问题不仅是如何达到既定目标，而且最重要的是要追求什么目标。如果我们要给这种广义的理性概念起一个名字的话，我们可以仿效基根泽（Gigerenzer）称其为“生态理性”，也可以称其为“进化理性”，因为偏好在很大程度上受到生物遗传的影响。如果心也有理性，这是因为情感是由自然选择来设计的，就像其他心理官能一样，它可以帮助我们在这个大千世界中尽可能地生存和繁衍下去。

资源材料

这里为学生和专家读者列出本书使用的文献材料。

第1章

保罗·艾克曼在“关于基本情绪的论证”中介绍了他的基本情绪理论，并介绍了他的证据。《认知和情绪》，6，（1992），169—200。古录姆巴人“像野猪一样”的情绪在P.L.纽曼的“新几内亚高地社区的野人行为”中介绍，《美国人类学家》，66，（1964），1—19。有关文化具体情绪有重要社会功能的观点来自于心理学家杰姆斯·埃沃瑞，他在“情绪的建构观点”中详细论述了这一观点，这是由R.普拉提其克和H.克勒曼编辑的《情绪：理论、研究和经验，I情绪理论》（纽约：学术出版社，1980）一书中的一章。人类思维的自我实现倾向这一观点来自于严·海清的非常有意思的一本书，《重写心灵：多重人格和记忆科学》（普林斯顿：普林斯顿大学出版社，1995）。

第2章

有关猴子学会害怕的实验研究是由S.米尼卡和M.库克报告的。发表于“害怕的观察条件反射机制”一文,《实验心理学：普通》，122（1993），23－38。哈拉·萨米埃在“我们为什么哭”一文中对于哭泣的进化解释进行了很好的综述,《华盛顿邮报》，2000年1月12日，p.H06.威廉姆·弗雷在《哭泣：眼泪的秘密》（明尼安那波力斯：文斯顿出版社，1985）一书中提出，哭泣通过消除压力激素使我们感觉好一些。让道夫·卡尼留斯在《情绪的科学》（上鞍河，新泽西：普兰提斯豪尔，1995）一书中提出相反的观点，认为是哭泣之后得到的社会支持使我们感觉好一些。

在卢瑟福·勒多克斯的《情绪脑》（伦敦：卫登菲尔德&尼克森，1998）一书中清楚地解释了情绪的神经解剖。尽管勒多克斯对于保罗·麦克林边缘系统的观点有异议，但还是值得看一下麦克林的经典论文,《脑和行为的三位一体的概念》（多伦多：多伦多大学出版社，1973）。

对罗伯特·弗朗克理论的一个很好的总结在斯蒂文·平科的《脑怎样工作》（纽约：诺顿，1997；哈们德斯沃斯：

企鹅：1998）的第6章中可以看到。有关抗议者的故事和引用道格拉斯·叶斯的话来自于这一章。情商的概念首先由皮特·萨勒维和约翰·麦尔在“情商”一文中提出。“想象、认知和个性”，9，（1990），185—211，更多有关精神病和道德发展的信息见杰姆斯·布莱尔的“道德的认知发展方式”一文，见《非适应的脑：进化精神病学的经典阅读》一书，西蒙·巴伦—克根主编（豪夫：心理出版社，1997）。

第3章

对最近心理学有关幸福研究的几篇综述发表在2000年的《美国心理学家》杂志上。对于亚当·斯密有关好运气的危险性持怀疑态度的研究一篇是H. 罗伊·卡普兰德的“彩票赢家：传说与现实”，“赌博研究杂志”，3，（1987），168－78，另一篇是马克·阿伯拉汉姆森的“突然的财富，满足于与获得：对德克海姆有关富裕的灾难的重新思考”，“美国社会评论”，45，（1980）49－57。汉特·戴维斯介绍了一个与“赢得大奖并不会使你不幸”的理论有关的彩票赢家的案例，《为彩票而活》，（伦敦：利特，布朗，1996）。

阿伦·拜客在《认知疗法和情感障碍》一书中讨论了认知疗法（纽约：莫瑞迪安，1976）。杰弗瑞·米勒在《求偶心灵》（伦敦：黑尼曼，2000）的第10章中提出笑话和故事让我们高兴是因为它们提供了有关讲话者智力的信息。有关情绪的水利理论的介绍以及情绪表达的“宣泄传说”见伊林·肯尼迪－摩尔和詹妮·C.华生所著的《情绪表达：传说，现实，治疗策略》一书，（纽约、伦敦：吉尔福德出版社，1999）。西格蒙德·弗洛伊德和约瑟夫·波尔在1895年第一次发表现在仍有很高可读性的《歇斯底里研究》一书中第一次介绍了“谈话治疗”。该书的简装本是派力肯弗洛伊德图书馆系列的第3卷（哈蒙德斯沃斯：企鹅，1974）。玛莎·纳斯巴姆在《好人的脆弱：希腊悲剧和哲学中的运气与伦理》（剑桥：剑桥大学出版社，1986）一书中探讨了亚里士多德“宣泄”这一概念的真正含义。关于“剧场最适于宣泄，因为它使我们在”最好的美学距离“体验情绪的观点是托马斯·谢夫在《治疗、仪式、戏剧中的宣泄》（伯克利和洛杉矶：加利福尼亚大学出版社，1979）一书中讨论的。宣泄的消极影响由周·瑞克和罗布·布瑞娜在“创伤管理与压力宣泄：负责任的组织应该如何做?”这篇文章中介绍，该文可以通过访问网址http://www.employment-studies.co.uk上的新闻和文章栏目下载。

尼克拉斯·汉弗瑞在《脑的历史》一书（纽约：克潘尼库斯，1992）的第八章中介绍了他的关于颜色效应的试验；在该书的第六章中也有相关信息。对《最著名的弦乐小夜曲》的情感影响是P.M.聂登涛·和M.B.塞特兰德在“知觉的情感一致性”一文中介绍，“人格和社会心理学布告”，20,（1994），401—11。安如道·帕特尔和伊万·巴拉班在他们的论文“人脑皮层反射声音结构活动的颞叶结构”介绍了神经对曲调反应的非常有意思的数据。“自然”，404,（2，2000，3月），80—4。情绪的神经化学反应、百忧解的影响由大卫·黑力在他的信息丰富的《抗抑郁时代》一书中介绍（剑桥，马萨诸塞，伦敦：哈佛大学出版社，1997）。药物用做治疗、娱乐、仪式目的的脆弱历史在J.古德曼和P.莎瑞特主编的《消费习惯：历史和人类学中的药物》详细介绍。（伦敦：如特勒之，1995）。

威廉姆·杰姆斯在他1884年的经典论文“什么是情绪?”中第一次推出了他关于情绪的新奇理论，这篇文章以各种版本被重印，如在玛格答·阿诺德主编的《情绪的本质》中。(哈默德斯莫思：企鹅，1968)。保罗·艾克曼和华莱士·弗瑞森在他们的论文“区分情绪的自主神经系统活动”中描述了他们所做的采取某种表情的情绪效果的实验，作者是艾克曼、李文森等,《科学》，221(1983)，1208－10。

第4章

最初的斯特鲁普测验由J.R.斯特鲁普自己在“系列语言反应干扰研究”一文中解释，“实验心理学杂志”，18(1935)，643－62。A.马休斯在文章“情绪加工中的偏见”中，综述了各种基于情绪斯特鲁普测验所作的实验的结果。“心理学家”，6(1993)，493－9，S.A.克里斯坦森和E.洛夫塔斯在文章“情绪事件的记忆：细节信息的命运”中报告了情绪对视觉记忆影响的实验。“认知和情绪”，5，(1991)，81－108。格登·波尔在文章“情绪和记忆”中介绍了他自己的几个记忆依赖于心情的实验，“美国心理学家”，36（1981），129－48。R.A.拜伦在文章“面试者对工作申请者的心情和反应”中报告了心情对面试者判断的影响的实验，“应用社会心理学杂志”，17（1987），911－26。

D.G.杜顿和A.P.阿伦在文章“高焦虑下性吸引增高的一些证据”中介绍了焦虑的吸引效应的精彩实验，“人格和社会心理学杂志”，30,（1974），510－17。戴安·麦吉和利丽亚·沃斯在文章“加工缺陷和积极心情在说服上的调节作用”中解释了他们关于心情对于弱论据易接受性的作用的实验，“人格和社会心理学杂志”，57,（1989），27－40。安托尼奥·达马索所讲的高度理性的病人的故事来自于《笛卡尔的错误：情绪、理性与人脑》一书的193页。（伦敦：皮卡多，1995）。罗伯特·弗朗克关于信任感的准确性的实验在他的著作《理性中的激情：情绪的策略作用》第7章中介绍。（纽约和伦敦：诺顿，1988）。罗伯特·再因思在文章“感觉与思维：偏爱不需要推理”中介绍了他的多见效应实验，“美国心理学家”，35,（1980），151－75。

第5章

我反对以神经生物学的术语定义情绪的观点来自于希拉里·普特楠姆反对脑的认同理论的著名的观点，该观点见1960年的一篇论文，题目是“心理学的断言”。这篇文章在威廉姆·G.里堪主编的《脑与认知：文章选编》第2版（剑桥：布莱克维尔，1999，27－34）中以“思维状态的本质”为题重新发表。詹尼特·卡恩在文章“合成语言情感的产生”中介绍了她的情感语言程序，“美国语音工业社会杂志”，8，（1990），1－19。埃弗兰·埃萨和阿里克斯·潘特兰德在文章“面部表情的编码、分析、解释和再认”中介绍了他们的电脑识别面部表情的工作，“IEEE模型分析转换和机器智能”，19，（1997），757－63。

赫伯特·西蒙有关需要给电脑和机器人某种情绪系统的预见性观点可以在他的文章“动机和情绪对认知的控制”中看到，“心理学综述”，74（1967），29－39。在玛格丽特·伯登主编的《智能生命哲学》（牛津：牛津大学出版社，1996）一书中选录了关于智能生命的一些很好的文章。这一册中的一篇文章是托马斯·瑞1992年所写的，题目是“一种合成生命的方式”，文中介绍了他的“泰拉”项目。

后记

生态理性和“识别法则”在格德·吉格任则，皮特·M.塔德和ABC研究小组所著的《简单法则使我们更聪明》一书中介绍（剑桥：剑桥大学出版社，1999）。